네오 로마제국

우리가 몰랐던 미국 이야기

이 책은 (사)한국문화안보연구원의 적극적인 협조와 지원으로 출간될 수 있었다. 깊이 감사드린다. - 지은이

네오 로마제국

우리가 몰랐던 미국 이야기

배 용 지음

북앤피플·(사)한국문화안보연구원

차례

머리말

✪ 지금으로부터 50여 년 전인 1966년, 난생 처음 미국 땅을 밟았다. 내가 갔던 곳은 황량한 텍사스 사막 서남쪽 끝자락에 있는 엘패소(El Paso). 스페인어로 '길목'이라는 뜻을 지닌 이곳은 리오 그란데 강을 사이에 두고 미국과 멕시코가 마주보고 있었다. 스페인 정복자들이 오기 전까지는 나바호, 아파치, 코만치, 푸에블로 같은 몇몇 아메리칸 인디언 부족들이 살던 땅이었다. 그 지역 주변엔, 아즈텍과 마야 문명을 이룩했던 멕시코 원주민, 그리고 유카탄반도를 통해 멕시코로 침공해 들어온 히스패닉 등, 여러 민족과 이질적인 문화가 뒤섞여 있었다. 그래서 그런지, 그 지명들마저 페코스, 알라모고도, 산타페, 씨우다드 후아레스, 치와와, 엘 카미노 레알 같은 생소한 이름들로 가득했다. 그곳은 내겐 아주 이상야릇한 땅이었다. 그 당시 세계에서 가장 잘 사는 선진국이던 미국은 가장 못사는 축에 낀 후진국에서 온 내 눈엔 온통 별

천지로 비쳤다. 모든 게 낯설고 신기했다.

그리고 10여년이 흐른 뒤, 미국에 본부를 둔 세계적 다국적기업의 한국지사 요원이 되면서, 일 년에 한두 차례씩 미국에 여행을 하게 됐다. 여행은 수십 년 이어졌고, 미국에 머무는 동안 나는 우리나라에서와는 사뭇 다른 사회질서와 분위기를 경험했다. 그 당시 미국인들은 여유 있고 점잖고 예의 바르면서도, 솔직하고 유머가 넘쳤다. 시쳇말로 '기사도'가 몸에 배었다. 엘리베이터나 대중교통수단을 이용할 때, 긴 줄을 서서 자기 차례가 오기를 여유 있게 기다리고, 끼어들기 같은 건 아예 구경조차 할 수 없었다. 길을 걸을 때 반대편에서 오는 사람이 있으면 서로 먼저 길을 비켜주거나, 큰 건물을 드나드는 문을 통과하고 나면 뒷사람이 지나갈 때까지 그 문을 붙잡아주기도 했다. 어쩌다 상대방이 양보하려고 하면, "애프터 유(After you)" 하며 끝까지 상대방을 배려해줬다. 또 말을 묻거나, 좁은 길에서 남의 옆을 지나치며 앞지를 때, 또는 남에게 조금이라도 폐를 끼친다고 여길 땐, 으레 "익스큐즈 미(Excuse me)" 하며 양해를 구했다.

50여 년 전 엘패소에서 받았던 별천지에 대한 충격과 호기심은 나를 미국의 방방곡곡으로 이끌었다. 아메리칸 인디언들이 참여한 영국-프랑스의 전쟁터, '미국 독립혁명'과 텍사스 독립전쟁, 그리고 남북전쟁 때의 전적지, 아메리카 원주민들의 보호구역 등을 찾아 누비고 다녔다. 여행을 통해 몸과 마음으로 느낀 게 많았다. 서유럽 문화가 그 바탕이 된 미국의 문화는 토박이 아메리칸 인디언과 아프리카 흑인의 문화가 그 속에 녹아들어가 묘한 앙상블을 이뤘다. 마치 드보르자크의 「신세계 교향곡」이 내 귀에 울려 퍼지는 듯했다. 또, 영화에서나 봤던 목장과 '로데오', '홍키통크', 그리고 '컨트리 음악' 같은 "카우보이 문화"는 내가 마치 서부활극 영화 속에 빠져든 것 같은 착각을 일으키기에 충분했다. 그때 그곳에서 받았던 문화적 충격은 일평생 내 머릿속 깊이 새겨졌다. 보면 볼수록 신비롭고 거대한 그랜드 캐니언! 그 모습을 보고 지었던 시는 내가 그때 미국에서 받았던 충격의 아주 작은 한 조각이다.

「**그랜드 캐니언**(Grand Canyon)」

시: 카나비

천길만길 아스라이 밑바닥을 굽이쳐 흐르는
콜로라도 강물아, 말해보렴;
이 거대한 협곡은 신의 눈물 자국인가를.
구불구불 깎아지른 저 낭떠러지를 스치는
태고의 바람아, 말해보렴;
커다란 용이 승천하며 용틀임한 자국인가를.

시간은 없고 오직 공간만 있는 곳,

그래서 악마의 저주인지 신의 축복인지 모를
이 거대한 협곡,
그랜드 캐니언!
이 경이로운 땅의 수수께끼에 대해
저 밤하늘에 반짝이는 별들아, 말해보렴!

이 수수께끼를 풀지 못하고 스러져간
아나싸지 인디안 주술가 영혼들이
그래서, 밤이면 밤마다 늑대가 되어
은하수 타고 흘러가는
푸른 달에 대고
그렇게도 울부짖는가보다.

✪ 제2차 세계대전이 끝난 뒤, 미국은 월등한 경제력과 군사력을 바탕으로 "팍스 아메리카나"의 시대를 열었다. 짧은 역사에도 불구하고, 미국은 어떻게 그 같이 막강한 나라가 될 수 있었을까? 그리고 일부 비평가들이 우려하는 것처럼, 미국은 과연 그 막강한 힘을 바탕으로 이른바 "제국주의"를 좇아 세계의 경찰국가 노릇을 자처하는 것일까? 그 해답의 실마리를 미국의 애국시인 로버트 프로스트가 지은 「헌정시(Dedication)」에서 찾았다. 아메리카 대륙에 "시와 힘의 황금시대"가 올 것을 점친 그 시엔 청교도들의 아메리카 식민지 개척, '독립선언'과 "신세계", "서부개척"과 "열

린사회", 법치주의와 그것을 지키려는 용기, 그리고 지도자가 갖추어야 할 덕목 같은 주제들이 담겨있었다.

한데 이상한 일이다. 「헌정시」에서 시어로 선택된 말이나 시의 행간에선 고대 로마의 그림자가 어른거렸다. 그랬다. 그의 시 속엔, 수천 년 전 고대 로마제국 때의 시인 베르길리우스의 서사시 「아이네이드(*Aeneid*)」와 전원시 「에클로가(*ecloga*)」가 올빼미처럼 소리 없이 웅크리고 있었다. 프로스트는 베르길리우스의 시를 끌어들여 고대 로마와 미국을 살며시 포개놓고는, "시대들의 새로운 질서(*novus ordo seclorum*)", 즉 로마제국의 영광이 아메리카 대륙에 다시 나타날 것을 점쳤다. 고대 로마의 역사를 들춰보니, "공화주의", '기사도', 군대문화, "노블레스 오블리주(Noblesse oblige)", "열린사회", 그리고 법치주의도 그 뿌리는 모두 거기에 있었다. 수준 높은 서양의 문화와 전통, 그리고 관습도 그렇다. 한마디로 미국의 뿌리가 고대 로마라는 얘기였다.

✪ 프로스트는 그의 또 다른 시 「빛지지 않은 선물(The Gift Outright)」에서, "서부개척"과 그 소명, 즉 "매니페스트 데스티니(Manifest destiny)"를 외쳤다. 그러고는 미국은 "아직 얘깃거리도 없고, 문화도 없고, 미개척인 땅"이라고 역설적으로 호소했다. 그런데, 이런 주제들은 어떤 뜻을 품었을까? "서부개척"에 대한 신비로움에서 비롯된 "아메리칸 드림(American dream)"은 오늘날 미국사회에 어떻게 정착했을까? 영국의 아메리카 식민지 개척이나, 미국

의 "서부개척"의 역사에서, 아메리카 원주민들은 백인들의 적수였다. 하지만, 시인 프로스트도 그렇고, 다른 미국인들도 겉으로는 그들을 애써 외면했다. 그럼에도, 세상에 사납고 몹쓸 야만인으로만 비쳐진 인디언들의 말과 이름, 그리고 정신문화가 미국사회의 구석구석에 똬리를 틀고 있는 것은 무엇 때문일까? 미국엔 국가기념물이나 국가기념비가 왜 그렇게 많은 것일까? 유대인들은 어떻게 미국사회에서 막강한 영향력을 지니게 됐을까? 의문은 꼬리에 꼬리를 물고 끊임없이 일었다.

링컨 대통령은 「미국 독립선언문」의 핵심가치를 지켜내기 위해, 수많은 젊은이들의 목숨을 희생시키면서 남북전쟁을 치렀다. 도대체 어떤 이상과 가치가 담겨있기에, 미국인들은 「독립선언문」을 마치 『성경』처럼 떠받드는 것일까? 프랑스의 역사학자 알렉시 드 토크빌은 9개월 동안 미국을 둘러본 뒤, 『미국의 민주주의』를 썼다. 그 책을 읽은 유럽인들은 왜 아직 애송이 같은 미국을 그토록 놀랍고 두려운 눈으로 바라다봤을까? 미국은 먹고 입고 보고 즐기는 문화, 즉 소프트파워 분야에서도 세계를 이끌고 있다. 국력은 경제력이나 군사력 같은 하드파워 뿐만 아니라, 대중문화 같은 소프트파워도 무시할 수 없는 요소다. "21세기의 노스트라다무스" 조지 프리드먼 교수의 말대로, 온 세상의 젊은이들이 "젊고 야만적인" 미국의 문화에 이끌려가고 있다. 이처럼 미국은 이제 우리에게 아주 가까운 이웃과 같은 존재가 됐다. 그렇지만, 앞서 쏟아진 숱한 의문들은 우리가 미국의 참모습을 제대로 알고 있지 못하다는 것을 일깨워준다. 이처럼, 미국의 역사와 정체성, 문화와 전통, 그리고 미국인들이 좇는 가치와 집단무의식 등에 대해서 좀 더 깊이 알아야 할 이유는 차고도 넘친다.

신세계

The New World

첫 번째 추수감사절, J. L. G. 페리스 그림

- 필그림 아버지들
- 미국 독립선언문
- 신세계 교향곡
- 노부스 오르도 세클로룸(*novus ordo seclorum*)
- 아메리카니즘(Americanism)
- 당나귀와 코끼리의 역설

약 400년 전, 102명의 영국 청교도들이 자신들의 신념에 따라 새로운 삶을 살기 위해 '메이플라워호'를 타고 아메리카 대륙으로 건너왔다. 영국에서 종교적 박해를 피해 미지의 세계로 건너온 이 청교도들은 훗날 "필그림 아버지들"로 추앙받는다. 그들은 미지의 땅에서 온갖 역경을 이겨내고, 착실히 자립기반을 다져갔다. 그렇게 150여 년이 흐른 뒤, '미국혁명'을 일으켜 대영제국을 물리치고, 마침내 전혀 새로운 세상을 열었다. 「미국 독립선언문」의 핵심주제는 생명, 자유, 평등, 행복추구권 등, 인류의 보편적 가치였다. 그것은 「미국헌법」의 뼈대가 됐고, "제2의 로마제국"의 기틀이 다져졌다. 애송이 같은 나라, 미국을 보고 간 유럽인들이 그곳을 "신세계"라며 그토록 열광했던 이유다. 미국 사람들은 「미국헌법」의 가치를 신이 내린 선물로 알고, 그것을 온 세상과 나눠 갖는 것을 그들의 사명으로 여긴다. 당나귀와 코끼리에 얽힌 역설이 우리에게 던지는 화두를 짚어본다.

신세계

필그림 아버지들

Pilgrim Fathers

✪ 두 달 남짓의 긴 항해 끝에 메이플라워(Mayflower)호가 아메리카 대륙에 처음 닻을 내렸던 곳은 매사추세츠 주의 케이프코드(Cape Cod) 끄트머리였다. 그들은 본디 버지니아로 갈 계획이었지만, 폭풍우 때문에 그곳으로 밀려왔다. 안타깝게도, 케이프코드는 102명의 영국 청교도들이 정착하기엔 알맞은 땅이 못됐다. 그래서 새로 찾은 곳이 케이프코드 만 서쪽에 있는 뉴플리머스(New Plymouth)였다. 케이프코드에 닻을 내린 지 한 달 10일 뒤인 1620년 12월 21일에 그곳에 첫발을 내디뎠다. 뉴플리머스는 메이플라워호가 영국을 떠날 때의 출항지인 플리머스를 따라 지은 이름이었다. 그래서 그곳은 "미국의 고향(America's Hometown)"으로 불린다. 그곳엔, 본디 왐퍼노그(Wampanoag) 인디언의 파투제트(Patuxet) 부족이 살고 있던 마을이었다.

"필그림들의 상륙", 헨리 베이컨(Henry A. Bacon)의 1877년 작품.
"필그림들"이 상륙했다는 '플리머스 바위'가 있다.

102명의 청교도들이 첫발을 내디딘 플리머스에선, 혹독한 겨울이 그들을 기다리고 있었다. 얼음이 얼고 눈발이 내리치는 겨울은 그들이 집을 짓는 것을 방해했고, 그들의 절반이 첫 겨울 동안에 추위와 질병으로 죽어나갔다. 그 겨울에 살아남은 사람들은 집짓기를 계속했다. 1621년 늦봄, 아메리카 원주민 사모세트 인디언 부족이 정착민들을 찾아와 제안했다. 만일 경쟁관계에 있는 다른 인디언 부족과 싸우는 데 자신들을 도와준다면, 농사짓는 법을 가르쳐 자급자족할 수 있게 해주겠다는 것이었다. 그에 합의한 뉴플리머스의 정착민들은 번성할 수 있었다. 그렇게, 토착 인디언들의 도움으로 첫 번째 가을걷이를 하게 됐다. 그때의 기쁨과 감격을 기리는 날이 바로 미국의 추수감사절(Thanksgiving Day)이다. 그들은 이처럼 불굴의 의지로 그곳에 발을 붙였고, 새로운 세상을 개척해나갔다. "필그림 아버지들(Pilgrim Fathers)"로 불리는 102명의 청교도들은 미국역사의 아이콘이 됐다.

뉴플리머스에 상륙하기 전 케이프코드 항구에 정박하고 있을 동안, "필그림 아버지들"은 「메이플라워 협정(Mayflower Compact)」을 마련했다. 「메이플라워 협정」은 1620년 11월 11일 메이플라워호의 선상에서 정착민들 사이에 서로 협력하기로 한 약속이었다. 토론과정에서 제기된 이슈와 반대의견에 대처하기 위해, 그 협정은 다수결의 법칙에 따라 41명의 성인 남성들이 서명하여 비준됐다. 그 협정문은 다음과 같은 말로 마무리됐다.

"식민지의 보편적인 선을 위해, 우리 모두는 양보하고 복종할 것을 약속한다."

"필그림들"과 스톡회사 사이에 맺어진 계약기간이 끝나감에 따라, 분리주의 청교도가 아닌 "이방인들"은 자신들의 자유를 행사할 것이라고 선포했었다. 왜냐하면, 그들이 정착한 뉴플리머스는 본디 계약했던 버지니아의 땅이 아니었기 때문이었다. 이것을 방지하기 위해, "필그림들"은 영국국왕에 충성하면서도, 자기 자신들의 정부를 세울 것을 결심했다. 「메이플라워 협정」에 따라, 정착민들은 질서와 생존을 위해 커뮤니티의 법과 규정을 따를 것에 동의했다.

✪ 1559년, 엘리자베스 1세는 이른바 「엘리자베스 해법(Elizabethan Settlement)」을 통해 영국 국교회(the Church of England)를 세웠다. 영국 국교회는 개신교의 교리와 예배의식의 일부를 로마 가톨릭교에 끌어들여 만든 영국식 교회였다. 엘리자베스 1세가 후사 없이 죽자, 스코틀랜드의 왕 제임스 6세가 영국의 왕위를 이어받아 제임스 1세가 된다. 제임스 1세가 영국 국왕의 자리에 오르고 나서, 그는 국법을 따르는 개신교도들(Protestants)에게는 온건한 종교정책을 폈다. 반면에, 가톨릭교도와 극단적인 분리주의 청교도들에겐 종교적 활동이 금지됐다. 활동의 제한을 받게 된 많은 분리주의 청교도들은 영국을 떠나 청교도주의를 허용하는 홀란드로 갔

항해 중인 메이플라워호의 그림, 폴 스트레이어가 플리머스의 '필그림홀'에 전시된 모델을 바탕으로 그렸다.

다. 한편, 1607년 월터 롤리 경은 아메리카 대륙의 버지니아에 식민지를 개척했다. 뭇 영국회사들이 그 식민지와 영국 사이에서 담배나 다른 물건들을 거래하는 무역을 시작했다. 롤리 경은 영국의 지주이자, 작가, 시인, 군인, 정치인, 왕의 대신, 스파이 및 탐험가였다. 그는 엘리자베스 시대의 유명인사들 가운데 한 사람이었다.

한 스톡회사(stock company)가 버지니아에서 자신들의 사업을 보호하기 위해 분리주의 청교도들 가운데 서른다섯 명을 모집했다. 분리주의 청교도란 종교의 자유를 위해 영국 국교회로부터의 독립을 주장하다 홀란드 레이덴으로 옮겨간 급진주의 청교도들을 일컬었다. 또, 스톡회사란 특정 극장에서 주기적으로 공연하는 배우들의 극단을 일컬었는데, 이미 제작된 레퍼토리로부터 밤마다 다른 연극을 공연하곤 했다. 그 스톡회사는 청교도들이 항해하는 데 필요한 자금을 대고, 대신 청교도들은 그 회사의 버지니아 사업을 돌봐주기로 합의했다. 다른 청교도들은 아메리카에서 새로운 삶을 시작하기 위해 그 항해에 합류했다. 종교의 자유를 향한 그들의 탐색모험(quest)은 "필그림 아버지들"을 식민지 아메리카로 내몰았다. 『뉴잉글랜드 설명서(A Description of New England)』를 읽었던 그들의 시선은 자연히 뉴잉글랜드로 모아졌다. 『뉴잉글랜드 설명서』를 지은 존 스미스는 버지니아의 제임스타운에 최초의 식민지를 건설해 유명해진 탐험가이자 뉴잉글랜드의 총독이었다.

✪ 퓨리턴(Puritan), 즉 청교도란 16세기~17세기에 영국에서 영국 국교회(the Church of England) 내에 남아있던 로마가톨릭의 제도와 의식 일체를 배척하며 개혁을 주장하던 개신교도, 즉 프로테스탄트(protestant)를 일컫는다. 이들은 엄격한 도덕, 신성화된 주일(主日: 일요일)의 엄수, 향락의 절제를 강조했다. 1559년 엘리자베스 1세가 국교 통일령을 내린 이래, 찰스 1세 때 비국교도로서 국법을 지키지 않은 과격파 청교도들은 박해를 받았다. 그 박해를 피해, 청교도들은 홀란드와 기타 지역으로 이주해 갔다. "필그림 아버지들"도 이 때 조국을 등지고 떠난 사람들 가운데 한 무리였다.

영국에 남아있던 청교도들은 절대왕정에 저항하는 정치적 요구를 하면서 의회에서 점차 그 세력을 키워나갔고, 마침내 '청교도혁명(1640~1660)'을 일으켰다. 그 혼란의 틈바구니 속에, 1653년에는 크롬웰을 호민관으로 하는 공화제 정권이 발족됐지만, 그가 죽자 1660년에는 다시 왕정으로 돌아가고 말았다. '청교도혁명'을 불러온 시대적 배경은 세계적인 불후의 명작을 낳기도 했다. '인류의 타락(the Fall of Man)'에 대한 성서 이야기를 주제로 지은 존 밀턴의 장편서사시 『실낙원(The Paradise Lost)』은 그 시대의 왕정을 비판한 대표적인 청교도문학이다. 프랑스의 정치학자·역사가·법관이었던 토크빌(Alexis de Tocqueville)은 그의 저서 『미국의 민주주의』에서, 미국의 건국이념은 바로 이 "청교도 정신(Puritanism)"에서 비롯된 것이라고 밝혔다.

신세계

미국 독립선언문

✪ 약 한 세기 반에 걸쳐, 아메리카대륙 식민지 주민들은 그 누구의 도움도 없이 자신들의 운명을 스스로 착실히 개척해가고 있었다. 그즈음, 유럽대륙에서는 '칠년전쟁(1756~1763)'이 벌어졌고, 그 불길은 아메리카 식민지에까지 옮겨 붙어 '프랑스-인디언 전쟁'이 일어났다. 영국은 '칠년전쟁(1756~1763)'에서 프러시아와 동맹을 맺고, 프랑스와 오스트리아가 이끄는 신성로마제국, 러시아, 스페인, 스웨덴 등의 연합군과 싸워 승리했다. 그 결과, 영국은 북아메리카에서 뉴 프랑스의 대부분과 스페인령 플로리다, 그리고 서인도제도의 몇몇 섬들을 얻었다. 그렇게, 영국은 북아메리카에 대한 식민지 지배권을 더욱 굳게 다질 수 있게 됐다. 그리고 북아메리카 토박이들의 땅에서 유럽인들의 정착지에 대한 가이드라인을 선포했다. 이 가이드라인엔, 북아메리카가 토박이 인디언들의 땅이라는 것이 뚜렷이 밝혀져 있다. '미국 독립전쟁' 때 대부분

의 아메리칸 인디언들이 영국군의 편에 서게 됐던 배경이다. 그 가이드라인은 「1763년 대영제국의 선포(the Royal Proclamation of 1763)」, 또는 「인디언 마그나카르타(the Indian Magna Carta)」로도 불린다.

이제 거칠 것 없는 영국은 '칠년전쟁'에 들어간 엄청난 비용을 아메리카 식민지에서 뽑아내려 했다. 그리고 일방적으로 아메리카 식민지에 무거운 세금을 매기기 시작했다. 1765년, 대영제국 의회는 「인지 법(the Stamp Act)」을 통과시켰다. 이 「인지 법」은 아메리카 식민지에서 발행되는 대부분의 인쇄물에 런던에서 생산된 종이만 사용하도록 하는 법안이었다. 게다가, 돋을새김 수입 인지가 찍힌 런던 산 종이는 영국 돈으로 지불해야 했다. 이 같은 영국정부의 과세정책에 맞서 싸우기 위해, 아메리카 식민지에서 저항운동이 비밀리에 시작됐다. 13개 식민지에서 "자유의 아들들(the Sons of Liberty)"이라는 비밀조직이 결성됐다. 그들의 활동은 "대표 없이는 세금도 없다"는 모토 아래 1765년에 시작하여 「미국 독립선언문」이 발표된 1776년에 끝났다. 그리고 대표자들의 사전 동의 없이 제멋대로 매긴 세금을 거부하고 대영제국에 저항하기 위해, 13개 주 식민지는 공식적으로 독자적인 '대륙회의(Continental Congress: 1774년)'를 조직했다. '미국혁명'은 이렇게 시작됐다. 사실, '미국혁명'은 이보다 10여 년 전 지중해의 코르시카 공화국(1755~1769)이 벌였던 독립투쟁에서 영향을 받은 바가 컸다.

1775년 때의 아메리카 대륙의 동부 및 북부 지도, 「1763년 대영제국의 선포」에 따라 그려졌다. 영국 속주 퀴벡, 대서양 연안의 영국의 13개 식민지, 그리고 인디언 구역으로 구분돼 있다.

✪ '미국혁명(American Revolution)'의 직접적인 불씨는 '보스턴 차(茶) 사건(1773)'이었다. 영국정부가 동인도회사에 수요가 많은 차(tea)의 전매권을 주고 차에 대한 소비세를 대폭 올렸다. 이에 분개한 식민지 주민들이 보스턴 항에 정박하고 있던 동인도회사 소유의 배를 습격하여 차 상자들을 바다에 던져버렸다. 이 사건으로 영국이 군대를 파견하자, 1775년 미국인들은 민병대를 조직하여 대항했다. 그리고 마침내 1776년 13개 식민지의 대표들은 「미국 독립선언문」에 서명하고, 새로운 국가인 아메리카합중국의 수립을 선포했다. 아메리카합중국(U.S.A.), 즉 미국은 이렇게 태어났다. 「미국 독립선언문(the U.S. Declaration of Independence)」의 핵심은 인류의 보편적 가치였고, 그것이 바로 "미국식 공화주의(American republicanism)"였다. 그 말머리에도 인류의 보편적 가치가 핵심 주제로 쓰여 있다.

"모든 인간은 평등하게 창조됐고, 그들은 생명, 자유, 행복추구권 같은 그 누구도 빼앗을 수 없는 권리를 창조주에게서 받았다. 이 같은 진리는 따로 증명할 필요가 없다."

(We hold these truths to be self-evident, that all men are created equal, that they are endowed by their Creator with certain unalienable Rights, that among these are Life, Liberty and the pursuit of Happiness.)

1778년 미국은 프랑스와 동맹을 맺어 프랑스의 군사적 지원

"버고인 장군의 항복", 존 트럼벌 그림(1822년 작) 사라토가 전투에서 패배한 영국군 버고인 장군이 미 독립군 호레이쇼 게이츠 장군에게 항복하고 있는 장면. 이 그림은 미 의회의사당 캐피톨 로툰다에 걸려있다.

을 받았고, 에스파냐와 네덜란드공화국과도 동맹을 맺었다. 그리고 사라토가 전투(1777년)와 요크타운 전투(1781년)에서 미합중국군이 대영제국 군에 승리함으로써, '미국혁명'의 전쟁은 마침내 그 막을 내렸다. 미국과 대영제국은 1783년 「파리 조약」으로 평화협정을 맺고, 영국은 미국의 독립을 인정하기에 이르렀다. '미국혁명'은 유럽대륙에 커다란 충격으로 다가왔고, 곧바로 '프랑스혁명(1789~1894)'으로 그 불티가 튀었다. "미국식 공화주의"가 되레 "공화주의"의 본고장 유럽으로 역수출된 것이다. 오늘날 서구 선진국들이 채택하고 있는 자유민주주의는 "미국식 공화주의"가 그 바탕이 됐다.

✪ 무릇, 모든 인간은 하늘이 내려준 권리를 스스로 지키기 위해 투쟁한다. 이를 두고, 17세기 영국의 대표적 철학자 토마스 홉스는 그의 저서 『리바이어던(Leviathan)』의 머리말에 유명한 라틴어 구절을 남겼다. 『리바이어던』엔, 합법적 국가를 건설하기 위한 원칙이 담겨있을 뿐만 아니라, "철학의 경전"으로 불릴 만큼 유명한 철학서이기도 하다

"만인에 대한 만인의 투쟁"

(Bellum omnium contra omnes)

이 철학에서 우러나온 사상이 '사회계약설(Social Contract

Theory)'이다. 즉, 자연 상태에서는 이러한 자유와 권리의 보장이 확실치 않으므로, 국가를 구성하여 자신들의 권리를 그 국가에 위임하는 계약을 맺어야한다는 주장이다. 대표적인 사상가로는 영국의 토마스 홉스 및 존 로크, 프랑스의 장 자크 루소, 그리고 독일의 임마누엘 칸트 등이 꼽힌다. 그들이 주장하는 '사회계약설'엔, 사회 구성원들이 자신의 권리에 거스르는 지도자를 내쫓을 수 있는 자유주의적 사상이 밑바닥에 깔려있다. "사회계약"이란 말은 장 자크 루소의 저서 『사회계약론(Du Contrat Social: 1762년)』에서 따왔다. 루소는 고대 로마제국 때의 시인 베르길리우스의 서사시 「아이네이드: BC29~BC19)」의 11권에 실린 구절을 끌어와 이 책의 첫마디로 썼다.

"휴전을 위해 똑같은 조건을 내세우자."

(foederis aequas Dicamus leges)

이러한 '사회계약설'은 미국의 독립에 커다란 영향을 끼쳤다. 미국 각 주와 국가 헌법초안에는 몽테스키외의 3권 분립과 양원제 의회 사상이 반영됐다. 고대 로마공화정에서 태동하여 르네상스시대에 뿌리를 내린 "공화주의"가 마침내 미국에서 꽃피우게 된 것이다. 북아메리카 13개 식민지 지역의 다수는 "공화주의"에 대한 신념이 남달리 굳은 사람들이었다. 이들에게 있어 부패는 더할 나위 없는 악이었고, 남자라면 시민의 의무를 다하기 위해 나라를 위해 싸워야 한다고 믿었다. 한편, 2대 대통령 애덤스의 부인 에비게일 애덤스나 정치작가 머시 워런 같은 여성 지도자들은 여성들이 공화국의 모성으로서, 자신의 아이들에게 공화국의 가치와 근검절약을 손수 가르쳐야 한다고 주장했다. 존 애덤스, 벤저민 프랭클린, 알렉산더 해밀턴, 존 제이, 토마스 제퍼슨, 제임스 매디슨, 그리고 조지 워싱턴 등, 미국 "건국의 아버지들(the Founding Fathers: 국부)" 역시 "공화주의"를 열렬히 지지했다. 미국 "건국의 아버지들"이란 「미국 독립선언문」에 서명하고, '미국혁명'의 전쟁에 나가 싸우고, 「미국헌법」을 만들어 '미국의 독립혁명'에 참여했던 미국의 정치 지도자들을 말한다.

미국의 첫 번째 헌법은 1781년에 제정된 「연합규약(Articles of Confederation)」이었다. 이것이 세계 최초의 성문헌법이다. 이는 중앙정부 없이 13개 주정부가 연합한 형태였다. 중앙집권제는 전제왕권과 같아서 독재와 인권침해의 근본원인이라고 여겨, 처음엔 강력한 중앙정부를 원치 않았다. '독립혁명' 당시 13개 주의 대표자들의 모임이었던 '헌법의회(Constitutional Congress)'에선 알렉산더 해밀턴이 주도하는 연방주의파(Federalists)와 토머스 제퍼슨 중심의 주권파(Antifederalists)가 대립했지만, 연방주의자들의 견해가 점차 '헌법의회'를 지배하게 됐다. 결국 1787년에 필라델피아에서 '헌법제정회의(Constitutional Convention)'의 의결에 따라, 1788년에 「미연방 헌법(the United States Constitution)」이 제정됐다.

이렇게 탄생한 「미연방 헌법」은 몽테스키외의 3권 분립 원리를 채택한 "공화주의" 정치체제였다. 그리고 각 주에 폭넓은 자치권을 인정하면서도, 느슨한 '연합의회'보다는 훨씬 강력한 연방정부를 두기로 했다.

✪ '프랑스혁명'은 루소의 『사회계약론(1762년)』에서 그 씨가 뿌려지긴 했지만, 직접적으로는 '미국의 독립혁명'으로부터 자극을 받아 일어났던 사건이었다. 그 결과, 프랑스엔 공화주의정부가 들어섰다. 하지만, 안타깝게도 혼란은 계속됐고, 그 틈에 혜성처럼 나타났던 영웅 나폴레옹마저도 왕정으로 되돌아가는 바람에 몇 년 못가 무너지고 말았다. 1848년 봄, 프랑스는 또 다시 전제 군주제를 무너뜨리고 공화주의정부를 세웠다. 독일, 이탈리아, 헝가리, 체코 등에서도 잇따라 혁명이 일어나 성공하는 듯했다. 그해 여름엔, 자유와 민주주의를 요구하는 혁명이 온 유럽으로 들불처럼 번졌다. 하지만, 혁명가들이 지리멸렬하여 곧 진압되고 말았다. 역사에선, 이 사건은 '1848년의 유럽혁명(European Revolution of 1848)'이나, '국가들의 봄(Spring of Nations)'로 불린다.

1831년, 프랑스 정부는 미국의 감옥제도를 연구하기 위해 알렉시 드 토크빌(Alexis de Tocqueville)과 귀스타브 드 보몽(Gustave de Beaumont)을 미국에 파견했다. 토크빌은 프랑스의 유망한 외교관이자 정치과학자, 역사가였고, 보몽은 치안판사였다. 토크빌은 9개월 동안 미국을 방문하고 나서, 1835년과 1840년 두 차례에 걸쳐 『미국의 민주주의(De la Démocratie en Amérique)』라는 책을 펴냈다. 그는 날카로운 통찰력으로, 미국 사회에서 "청교도 정신"은 종교적 의미뿐 아니라, 민주주의와 "공화주의"의 정치이론도 아우른다는 것을 꿰뚫어보았다. 미국은 사회계층도 없고, 인간 사이에 평등관계를 유지하며, "풀뿌리 민주주의(Township democracy)"가 뿌리를 내렸다고도 했다. 그리고 그 누구에게도 신세지지 않고 스스로 일으켜 세운 민주주의 국가라는 등, 말 그대로 "놀라운 별천지"인 양 묘사했다. 물론 그 공적의 주인공이 청교도였다는 사실도 빼놓지 않았다. 책이 나오자마자, 온 유럽에서 선풍적 인기를 끌었다. 그 바람에 "공화주의"의 열기가 온 유럽에 유행병처럼 퍼져갔다. 『미국의 민주주의』는 20세기까지 유럽뿐만 아니라 미국에서도 선풍적 인기를 끌었다.

신세계 교향곡

✪ 미국을 직접 와서 보고는 그야말로 새로운 세상, "신세계"에 깜짝 놀란 그 당시 유럽대륙에서 유명했던 음악가가 있다. 바로 보헤미아의 작곡가 드보르자크(Antonin Dvorak: 1841~1904)이다. 1891년 그는 프라하 음악원의 작곡과 교수에 임명됐는데, 그 뒤 얼마 지나지 않아 미국에서 미국음악원 원장 자리를 제의받았다. 작곡과 교수 월급의 세 배가 넘는 거액의 급료 외에도, 4개월에 걸친 휴가와 한 해에 연주회 10회를 지휘한다는 조건이었다. 이같이 파격적인 조건으로 드보르자크를 유혹했던 인물은 성공한 사업가의 아내였던 미국 여성 자네트 서버(Jeanette Thurber)였다. 그녀는 클래식음악 작곡가들을 키워낼 미국음악원(National Conservatory of Music of America)을 1884년 뉴욕에 설립하고, 이를 이끌 유능한 음악가를 물색 중이었다. 서버는 덴마크출신 바이올리니스트로, 미국 클래식음악계를 일궈낸 인물이기도 하다.

드보르자크는 미국에 머무는 동안, 그의 '교향곡 9번(작품 95)' 「신세계 교향곡(From the New World)」을 1893년에 작곡했고, 같은 해 12월 카네기홀에서 뉴욕 필하모닉을 통해 이 교향곡을 처음으로 대중에게 선 보였다. 이 곡은 인디언의 음악적 특색과 흑인 영가, 그리고 보헤미아의 민속음악이 절묘하게 어우러진 작품으로 유명하다. 특히 제3악장에서는 롱펠로의 시 「하이어와서 추장의 노래(The Song of Hiawatha)」 속 이야기를 그대로 옮겨와, 오지브웨 족 인디언 축제에서 인디언들이 흥에 겨워 춤을 추는 장면을 우리 눈앞에 펼쳐지듯 선율로 그려냈다. 「하이어와서 추장의 노래」는 오지브웨 인디언 추장 하이어와서와 그의 다코타 인디언 연인 미네하하 사이에 얽힌 비극적인 사랑과 모험담을 노래한 서사시다. 그 주제는 모두 가공으로 지어낸 캐릭터들이다. 드보르자크의 불후의 명작 「신세계 교향곡」은 이렇게 해서 태어났다. 우리에게도 잘 알려진 미국 민요 「고잉 홈(Goin' Home)」은 드보르자크의 교향곡 속에 감미롭게 흐르는 선율에 드보르자크의 제자들 가운데 한 사람인 윌리엄 피셔가 가사를 갖다 붙인 것이다.

✪ 미국은 어찌 보면 억세게 운이 좋은 나라다. 1803년 미국 제3대 대통령 토마스 제퍼슨이 프랑스의 나폴레옹 1세로부터 210만 제곱킬로미터가 넘는 중남부 지역의 넓디넓은 프레리 지역을 단돈 1,500만 달러에 사들인 것이다. 이를 "루이지애나 구매(Louisiana Purchase)"라 일컫는다. 당시 루이지애나는 프랑스 식민

지였다. 이 땅의 규모는 북쪽으로 노스다코타와 미네소타에서 남쪽으로 텍사스, 루이지애나, 미시시피까지, 그리고 동쪽으로 미주리와 아이오와에서 서쪽의 뉴멕시코, 콜로라도, 와이오밍에 이르기까지 무려 15개 주를 아우르는 지역으로, 당시 13개 주로 이뤄진 기존 미국의 영토와 맞먹는 크기였다. 또, 17대 앤드루 존슨 대통령 때 국무장관이던 슈워드(William Seward)는 1867년 북아메리카 대륙의 북서쪽 끝에 붙어있는 드넓은 알래스카 땅을 러시아로부터 단돈 720만 달러(현재 가치로 1,000억 달러)의 헐값에 사들이기도 했다. 당시 미 의회로부터 "슈워드의 웃음거리" 또는 "슈워드의 아이스박스"라거나 "북극곰의 정원"이라는 비웃음을 샀지만, 지금은 석유·금·천연가스·석탄 같은 지하자원의 보고일 뿐만 아니라, 어업과 관광산업도 알래스카 주 경제에 크게 이바지하고 있다.

미국은 그 넓은 땅덩이만큼이나, 각 지역마다 고유하고 독특한 문화가 형성됐다. 그 한 예로, 루이지애나 지역에서는 뉴 프랑스, 즉 프랑스령 캐나다에서 강제로 추방됐던 아카디아인의 후예들이 정착했다. 그들은 영국계·독일계·스페인계·이탈리아계·아메리칸 인디언 같은 여러 이민족들과 한데 섞이면서 "캐이젼(Cajun)"이라는 독특한 문화를 이룩했다. 대표적인 "캐이젼" 문화로는 피들과 아코디언 음악, "캐이젼" 요리, "기름진 화요일"이라 부르는 '마르디 그라(Mardi Gras: 참회 화요일)' 부활절 관련 종교의식 등이 있는데, 이들은 지금 미국 남부의 중요한 문화로 자리매김하고 있다.

사실, "케이젼" 문화엔, 18세기 아카디아 사람들의 비극이 서려있다. "케이젼(Cajun)"은 프랑스어 "아카디엥(Acadien)"이 "카디엥(Cadien)"으로 변한 말을, 다시 미국식으로 진화한 사투리였다. 아카디아인은 17~18세기에 아카디아 지역에 정착해서 살던 프랑스 이주민의 후예로, 그 가운데엔 토착 원주민의 후예도 끼어있었다. 아카디아는 북아메리카 대륙의 동북부지방으로, 오늘날의 캐나다 노바스코샤, 뉴브런즈윅, 프린스에드워드 섬 등이다. 아카디아의 후예들은 프랑스-인디언 전쟁 기간에 영국군에 의해 그들의 고향 아카디아에서 강제로 추방됐었다. 처음엔 영국의 13개 식민지로, 그 뒤 프랑스와 영국으로 쫓겨났었다. 1755~1764년에 벌어진 이 사건은 '아카디아인들의 추방(the Expulsion of the Acadians)'으로 불린다. 1762년, 프랑스 정부는 그들의 식민지 루이지애나를 스페인에 넘겨주면서, 아카디아 후예들을 이곳으로 보냈다. 얼마 지나지 않아, 아카디아인은 루이지애나의 인구에서 가장 큰 비중을 차지하는 인종이 됐다. 워즈워드 롱펠로우의 서사시 「에반젤린(Evangeline: 1847년)」도 가공의 여인 에반젤린을 주제로 내세워 이 사건의 비극을 노래한 작품이다.

신세계

노부스 오르도 세클로룸

novus ordo seclorum

✪ '칠년전쟁'에 들어간 엄청난 비용 때문에, 영국은 재정적으로 시달렸다. 그 비용을 해결하기 위해, 아메리카 식민지에 터무니없이 무거운 세금을 매기기 시작했다. 그렇게 해서 불거진 갈등은 끝내 식민지의 독립전쟁으로 번졌다. 1776년에 시작된 이 전쟁은 아메리카 식민지의 민병대가 1781년 요크타운 전투에서 대영제국 군에 승리함으로써, 마침내 그 막을 내렸다. 미국인들은 국장(the Great Seal of the U.S.)을 만들어, 이날의 감격을 두고두고 되새기고 있다. 미국의 국장엔, 두 구절의 라틴어가 모토로 새겨져 있다. 이 모토가 들어간 미국의 국장은 1782년 미국의 '독립혁명'의 지도자 가운데 한 사람이던 찰스 톰슨(Charles Thomson)의 제안으로 처음 디자인되었고, 1935년엔 미국 1달러 지폐의 뒷면에도 새겨졌다.

"*Annuit Cœptis* (He has favored our undertakings)"

(신께서 우리가 한 일을 두둔해주셨다)

"*novus ordo seclorum* (New Order of the Ages)"

(시대를 이끄는 새로운 질서)

미국의 국장(뒷면)

첫 번째 모토는 베르길리우스의 서사시 「아이네이드」에서 뽑아낸 문구였다. 「아이네이드」의 9권 625행엔, 아이네아스의 아들 아스카니우스가 적장 누마누스를 베기 직전에 유피테르 신께 윈 주문이 실렸는데, 이 문구는 찰스 톰슨이 그 주문에서 영감을 받아 지어낸 것이었다. 찰스 톰슨은 필라델피아 아카데미(지금의 펜실베이니아 대학)의 라틴어 강사로서, 고대 로마의 시인 베르길리우스의 전문가였다.

"Iuppiter omnipotens, audacibus adnue coeptis."
(전능하신 유피테르시여, 대담하게 저지르는 일들을 두둔해주소서.)

두 번째 모토 역시 찰스 톰슨이 베르길리우스의 전원시 「에클로가(ecloga)」의 4권에 실려 있는 5행에서 영감을 받아 지어낸 라틴어였다. 이 구절을 본문의 뜻에 가깝게 다시 풀이한다면, "새 시대를 이끄는 위대한 질서"쯤 된다. 이 모토는 1776년 독립선언한 날로부터 새로운 아메리카의 시대가 시작됐다는 것을 뜻했다.

"Magnus ab integro seclorum nascitur ordo."
(다가오는 시대들의 위대한 질서가 새롭게 태어나다.)

그 당시 막강했던 대영제국의 군이 아메리카 식민지의 민병대에게 패한 것은 역사의 아이러니다. 그때, 영국군은 본토와 멀리 떨어져 있었고, 반면에 아메리카 민병대는 그들의 땅에서 죽기 살기로 싸웠다. 게다가, 아메리카 식민지는 운도 따랐다. 어쩌면 아메리카 식민지 사람들에겐 그것이 신의 뜻으로 비쳤는지도 모른다. '칠년전쟁' 뒤에도 영국은 재정적인 어려움에 더하여, 유럽대륙에서 복잡한 문제에 묶여 있었다. 그 때문에, 그들은 '미국독립전쟁' 때 좀 더 적극적으로 나서지 못했었다. 그 10여 년 뒤에 벌어진 나폴레옹 전쟁(1803~1815)의 결과가 그것을 증명한다. 1805년, 넬슨 제독이 이끄는 영국함대는 트라팔가르 해전에서,

스페인의 무적함대(Armada Española)를 무찌르고 지중해의 제해권을 거머쥐었다. 1815년, 영국-프러시아 연합군은 워털루 전투에서 나폴레옹 보나파르트가 이끄는 프랑스 군을 무너뜨리고, 나폴레옹 전쟁을 승리로 이끌었다. 대영제국은 이때부터 "팍스 브리타니카(Pax Britanica)"를 노래하기 시작했다.

✪ 미국의 애국시인 프로스트도 존 케네디 대통령 취임을 축하하는 그의 「헌정시(Dedication)」에서 이 라틴어 구절들을 끌어다 썼다. 그의 시에 나오는 "신께서도 잘한 일이라고 인정해 주셨다(God nodded his approval of as good)"는 「아이네이드」에 실려 있는 구절에서 따온 라틴어 문구 "안누잇 켑티스(*annuit cœptis*)"를 영어로 옮긴 것이다. 그건 미국인들이 대영제국과 맞서 싸워 그들의 독립을 얻어낸 것은 마땅히 신의 뜻이었다는 것을 강조하는 표현이었다. 또, "시대들의 새로운 질서(New Order of the Ages)"는 베르길리우스의 전원시 「에클로가이(*Eclogae*)」의 한 구절에서 영감을 받아 지어낸 말, "노부스 오르도 세클로룸(*novus ordo seclorum*)"을 영어로 번역한 것이었다. "새로운 질서"는 미국이 이끄는 세계의 평화, 즉 "팍스 아메리카나"를 뜻했다.

질서엔 모름지기 법이 고슴도치처럼 도사리고 있다. 로마제국이 천년을 버텨낼 수 있었던 배경에도 「로마법」이 있었다. 「로마법」은 BC449년 무렵에 제정된 「12표법(*Duodecim Tabulae*)」에서부터 아우구스투스 황제가 만든 「율리우스 법(*Lex Julia*)」, 그리고 529년 동로마제국의 유스티니아누스 황제가 만든 「로마법 대전(*Corpus Juris Civilis*)」에 이르기까지 수많은 법들로 이뤄졌다. 「로마법」은 로마제국이 멸망한 뒤에도 중세유럽을 풍미했고, 훗날 강대국이 된 독일, 프랑스, 영국의 법에도 영향을 끼쳤다. 법치가 이 국가들을 강대국으로 이끌었던 것이다. 오늘날 「로마법」을 그대로 쓰고 있는 나라는 거의 없지만, 「로마법」을 모르고는 법체계를 이해하기 힘들다는 것이 법학자들의 일치된 견해다.

미 국회의사당의 하원 회의실 앞엔, 대리석에 얕은 돋을새김으로 새겨진 함무라비의 초상이 걸려있다. 옛 바빌로니아 제국의 함무라비 왕의 법정신을 본받고파 하는 미국인들의 바람을 새겨놓은 듯하다. 함무라비는 메소포타미아에 평화를 심고 문명을 퍼뜨렸으며, 「함무라비 법전」을 만들어 정의를 실현했다. 그래서 그는 그 당시 천년 동안 그 누구보다 명예로운 군주로 추앙받아, "살아있는 신"으로 불렸다. 어쨌든, 고대 로마를 롤 모델로 하여 태어난 오늘날의 미국 역시 법치로 초강대국이 될 수 있었다.

함무라비의 초상, 미 국회의사당 하원 회의실에 붙여져 있다.

신세계

아메리카니즘

Americanism

✪ 황무지나 다름없던 신대륙에서 그 누구의 도움도 없이 '독립혁명'으로 태어난 미국은 이제까지 듣도 보도 못했던 전혀 새로운 나라였다. 그 새로운 나라에서 '독립혁명'의 이념인 자유, 평등, 개인주의, "공화주의", 민주주의, 그리고 자유방임적 경제(시장경제)를 품은 미국만의 독특한 이념, 즉 "아메리카니즘(Americanism)"이 생겨났다. 미국인들의 집단 정체성은 이 같은 애국적인 가치들이 만들어낸 미국 사람들의 특성이다. 쉽게 말하면, 가장 미국적인 것들이 바로 "아메리카니즘"이라 할 수 있다. "아메리카니즘"은 흔히 "미국의 예외주의(American Exceptionalism)"로도 불린다. "미국의 예외주의"는 미국 사람들의 집단 무의식 속에 자리 잡고 있는 정서다. 신으로부터 세계를 완전히 탈바꿈시키라는 독특한 사명을 받았다는 믿음이 그들 마음속 깊이 자리 잡고 있다. 그래서 링컨은 「게티즈버그 연설」에서, 미국 사람들은

고귀한 이상을 품고 태어난 미국을 영원토록 지켜야 할 의무가 있다는 말로 끝을 맺었다. 그들 맘속엔 또, 미국은 그 역사와 사명에서 다른 어느 나라보다 뛰어나다는 감정도 도사리고 있다.

"아메리카니즘"엔 두 가지 뜻이 있다. 그건 미국의 특성을 말하기도 하고, 또는 미국에 대한 충성심이나 미국의 정치적 이상들을 지키는 것을 상징하기도 한다. 그 이념은 스스로 만든 정부, 기회균등, 표현의 자유, 그리고 진보에 대한 믿음을 아우른다. 이 같은 현대적 이념을 이루는 이상들은 오래토록 온 세상 사람들의 마음을 사로잡을 하소연을 품고 있다. 한편, 미국역사학자 웬디 월(W. L. Wall) 박사는 그의 저서 『미국의 길(Inventing the "American Way")』에서, 자유와 민주주의의 이상들이야말로 "아메리카니즘"이 주는 혜택이라면서, 냉전기간 동안 "아메리카니즘"이 공산주의와 파시즘에 맞서는 국가 홍보캠페인에 이용됐다고 주장했다.

✪ "미국의 예외주의"란 '미국의 독립혁명'에서 우러나온 미국만의 독특한 이념을 일컫는다. 이 말은 프랑스의 역사가이자 정치과학자 토크빌이 그의 저서 『미국의 민주주의』에서, "미국 사람들의 위치는 매우 예외적"이이라고 한 말에서 비롯됐다. 그는 "미국의 예외주의"를 이렇게 설명했다.

"그들의 뿌리는 오롯이 청교도이고, 그들은 과학, 문학, 그리고 예술을 좇는 마음이 바뀌어 오로지 장사꾼 습성만을 지녔고, 유럽에 근접해 있어서 학문과 예술을 게을리 해도 야만상태로 되돌아 가지 않으며, 천 가지 특별한 대의명분들은 오로지 실용적인 것들에만 마음을 쏟는다."

여러 비판이 따름에도, 대부분의 학자들은 "미국의 예외주의"가 정당한 개념이라고 입을 모으며, 그 이유로 몇 가지를 꼽는다. 먼저, 미국엔 봉건주의의 찌꺼기가 전혀 없다는 것이다. 개인소유 재산을 인정하고, 개인의 인권을 존중하며, 대의정부인 나라에 봉건주의가 끼어들 틈은 없었다. 미국은 본디 청교도의 나라로 태어났으면서도, 로마 가톨릭교 및 유태교와 더불어 사이좋게 지내는 것도 이례적인 일이었다. 미국이 '미국혁명'을 통해서 주권을 찾은 것도, 토마스 제퍼슨과 제임스 매디슨이 주도하여 "공화주의"의 이념을 미국헌법에 새겨놓은 것도 예외적인 일이었다. 또, 미국의 3대 대통령 토마스 제퍼슨이 내다봤던 대로, 미국은 세계적으로 위대한 "자유의 제국", 즉 민주주의와 "공화주의"의 모델이 된 것 역시 예외적이었다. 미국의 정치과학자 시모어 립셋(Seymour Lipset) 박사는 그의 논문 「미국의 예외주의」에서 미국인에 대해 이렇게 정의했다.

"미국인이 되는 건 이념적 약속이다. 그것은 출생의 문제가 아니다. 미국의 가치들을 거부하는 사람은 미국인이 아니다."

신세계

당나귀와 코끼리의 역설

✪ 미국의 양당제도는 처음부터 그렇게 시작된 것은 아니었다. 1790년대 초반 연방제 반대주의자들이 연방정부의 재정정책에 반대하여 파당을 짓다가, 결국 토마스 제퍼슨과 제임스 매디슨이 민주공화당(The Democratic-Republican Party)을 조직하면서 그 길이 열리기 시작했다. 국립은행 설립과 과도한 이자부담을 반대하며, 주별 권한과 헌법수호를 지지했던 민주공화당은 1800년 대통령 선거에서 승리하면서 권력을 거머쥐었다. 그 뒤, 1824년 대통령 선거결과로 존 애덤스 파와 앤드류 잭슨 파 사이에 틈이 생기면서 존 애덤스와 그 지지자들이 따로 뛰쳐나와 국민공화당(The National Republican Party)을 세운다. 이로써 미국 양당제의 기틀이 마련됐다.

민주공화당은 1930년대 앤드류 잭슨 대통령 때 민주당(The Democratic Party)으로 이름을 바꾼 이래, 자유와 진보적 색채를 띠며 진보주의자, 자유주의자, 중도주의자, 좌파 자유주의자들로 구성된 국회의원 후보자들을 배출해왔다. 민주당은 미국에서 가장 오래된 정당으로, 세계에서 가장 오랜 역사를 가진 정치모임들 가운데 하나이기도 하다. 한편, 국민공화당은 1854년에 "자유로운 땅, 자유로운 노동, 자유로운 말, 자유로운 사람들"이라는 표어를 내걸고 공화당(The Republican Party)으로 그 이름을 바꿨다. 그리고 그 첫 번째 당원대회에서 존 프레몬트(John Fremont: 1813~1890)를 대통령 후보로 선출했으나 대통령에는 당선되지 못했다.

미국 공화당(GOP) 로고(왼쪽), 미국 민주당 로고(오른쪽)

✪ 민주당 소속의 앤드류 잭슨이 대통령 후보 지명을 위해 캠페인을 펼칠 당시, 그의 반대파들이 잭슨의 인기영합 정책을 두고 "Jackass(수탕나귀)"라 부른데서, 당나귀가 미국 정치무대에 처음 등장한다. 상당한 고집쟁이로 알려진 잭슨은 그 마스코트를 자신의 것으로 끌어들여, 오히려 그것을 자신에게 유리하게 역이용했

다. 잭슨 대통령은 퇴임한 뒤로도 계속해서 당의 지도자인양 비춰졌지만, 정작 민주당에선 잭슨이 당을 이끄는 것을 달가워하지 않았다. 그때 이 상황을 비꼬는 만화가 등장했다. 1837년에 나온 만화 「현대적 우상과 그의 나귀(A Modern Baalim and his Ass)」에서 끌어당기는 주인과 그에 따르지 않으려고 버티는 당나귀의 우스꽝스런 모습을 보여준다. 이 당나귀 캐릭터는 그 당시엔 별로 인기를 끌지 못했다. 그때로부터 30여 년이 흐른 1870년, 당시 인기 절정의 만화가 토마스 내스트(Thomas Nast)가 주간지 『하퍼스 위클리』에 또 다시 당나귀를 등장시키면서 주목받기 시작한다. 「죽은 사자를 걷어차는 산 당나귀(A Live Jackass Kicking a Dead Lion)」라는 제목의 만화에서, 내스트는 민주당을 뒷발질로 에드윈 스탠턴(죽은 사자)을 걷어차는 당나귀(Jackass)로 묘사했다. 에드윈 스탠턴은 남북전쟁 내내 공화당 링컨 정부의 전쟁부 장관이었다.

그런가 하면, 링컨 대통령의 뒤를 이어 대통령이 된 남북전쟁의 영웅, 율리시스 그랜트 장군이 두 번에 걸친 대통령 임기를 마칠 무렵이었다. 1874년, 그가 전례 없는 세 번째 임기 대통령직에 출마할 것이라는 소문이 파다하게 퍼졌다. 때마침, 뉴욕동물원에선 동물 여러 마리가 탈출하는 소동이 벌어졌다. 만화가 내스트는 이번엔 이 두 가지 사실에서 영감을 얻어 「세 번째 임기의 공포(The Third Term Panic)」라는 제목의 만화를 그려, 역시 『하퍼스 위클리』에 실었다. 사자의 탈을 쓴 당나귀(뉴욕헤럴드)가 울부짖는

『하퍼스 위클리』 잡지에 실린 만화, 「세 번째 임기의 공포(The Third Term Panic)」

바람에, 숲속의 동물들이 모두 놀라 허둥대는 모습이 그려져 있다. 여기서 당나귀는 공화당의 나팔수 역할을 하는 뉴욕헤럴드를 뜻했다. 또, 공화당은 인플레와 혼돈, 개혁 같은 부러진 널빤지 가까이에 서있는 우직한 코끼리로, 민주당은 상황을 살피는 여우로 묘사됐다. 이 만화는 고대 로마의 카이사르와 그를 죽인 브루투스를 은유적으로 빗댔다. 그랜트가 카이사르처럼 또다시 집권함으로써 부패하기 전에, 민주당이 브루투스의 역할을 해야 할 의무가 있다는 것을 암시했던 것이었다.

그렇다면, 미국의 민주당과 공화당은 왜 긍정적 대상물들을 제쳐놓고, 하필 당나귀의 고집스러움과 코끼리의 파괴본능 같은 부정적인 캐릭터들을 자신들의 상징으로 삼았을까? 그것은 바로 부정적인 당나귀와 코끼리의 이미지를 반면교사(反面教師)로 삼아, 역설적으로 자기 당의 긍정적 속성을 되찾기 위한 몸부림이었다. 결과적으로, 두 당은 모두 사람들의 눈에 비춰진 그들의 아집과 파괴적 행태에서 탈피하게 됐다.

✪ 앤드루 잭슨(Andrew Jackson: 1767~1845)만큼이나 말도 많고 탈도 많은 미국대통령도 드물다. 그는 "눈물의 길" 사건(1831~1838)에서 주도적인 역할을 했던 미국의 제7대 대통령이었다. "눈물의 길"이란 미시시피 강 동쪽에 살던 아메리칸 인디언부족들이 정든 고향을 등지고 황무지나 다름없는 오클라호마로 강제로 쫓겨나면서 걸었던 길을 일컫는다. 혹독한 여정 때문에 인디언들의 절

반가량이 이 길에서 희생됐었다. “고집쟁이 늙은이(Old Hickory)”, “예리한 칼(Sharp Knife)”, “싸일로(The Silo: 곡식저장고)”, “수탕나귀(Jackass)”, “선동의 왕(King Mob)” 등 잭슨에 붙여진 여러 가지 별명들은 그가 매우 특이한 성격의 소유자임을 암시해준다. 그에 얽힌 에피소드 또한 그의 별명만큼이나 많이 전해지고 있다.

남부의 대농장주이자 노예주였던 그는 일찍이 13세 때 민병대의 전령으로 미국 독립전쟁에 참가했고, 영국군의 포로가 되고서도 불굴의 의지를 보였던 것으로 전해진다. 성인이 되어선, 군 장교시절의 상당 부분 미시시피 강 동쪽의 인디언 토벌작전에 뛰어들어 큰 전공도 세웠다. 특히 남부 앨라배마 지역에서 벌어졌던 크리크 인디언 전쟁(1813~1814)과 뉴올리언스 전투(1815) 등에서 큰 전과를 거둠으로써 전쟁영웅이 됐다. 뉴올리언스 전투는 1812년의 전쟁(영국과의 2차 독립전쟁: 1812~1815)의 한 부분이었다. 이때 얻었던 폭발적 인기는, 그가 훗날 대통령이 되는 발판이 되기에 충분했다. 미국국가인 「성조기여, 영원하라(the Star-Spangled Banner)」의 가사도 1812년의 전쟁 당시 승리의 기쁨 속에서 태어났다. 맥헨리 요새 전투(1814)에서 체사피크 만으로 침공해온 영국군함이 맥헨리 요새를 포격하는 장면을 보고, 당시 35세의 변호사 프랜시스 스코트(Francis Scott)가 영감을 얻어 지은 것이었다. 그만큼 1812년의 전쟁에서 미국이 승리한 건, 미국의 역사와 앤드류 잭슨 개인의 운명에 큰 획을 긋는 역사적 사건이었다.

그는 독신시절 별거녀이던 이웃 농장주의 딸, 레이철 로바즈(Rachel Robards)를 사랑했다. 그리고 레이철이 아직 법적으로 이혼하지 않은 상태란 것을 모르고 그녀와 결혼했다. 이에 『올리버 트위스트(1838년)』의 작가 찰스 디킨슨(Charles Dickinson)이 잭슨의 이중결혼을 문제 삼아 "겁쟁이", "어리바리", 또는 "쓸모없는 악당"이라 부르며 잭슨과 레이철을 싸잡아 모욕하는 글을 내슈빌의 지방신문에 올렸다. 이에 화가 난 잭슨은 그에게 결투를 신청했고, 결과적으로 그에게 치명상을 입혀 죽음에 이르게 했다. 사실, 소설가 디킨슨은 이름난 명사수로, 잭슨은 그의 상대가 되지 못했었다. 하지만, 잭슨은 친구의 조언에 따라, 겉에 헐렁한 코트를 걸쳐 디킨슨의 눈을 속이고, 디킨슨이 쏠 때까지 총알을 아꼈다가 나중에 디킨슨의 심장을 정확히 조준하여 치명상을 입혔다고 한다. 디킨슨이 쏜 총알은 잭슨의 심장 바로 옆에 박혔지만 그는 살아남았다. 사자의 심장 같은 용맹을 갖지 않고서야, 이런 무모한 행동을 할 수 있는 사람은 그리 많지 않을 듯하다. 그 뒤, 그는 두 번에 걸친 암살시도에서도 운 좋게 살아남기도 했다.

1830년대 그가 대통령이던 시절, 미국인들이 해외에서 위협당할 때마다 그는 해군과 해병대를 파병했다. 미국인들은 그의 대통령 재임기간 중 오늘날의 미국영토를 차지할 수 있게 한 그의 공을 높이 샀다. 그 덕분에, 그는 20달러짜리 지폐에 그의 초상화가 실릴 만큼 위대한 대통령으로 평가받고 있기도 하다.

그 당시를 풍미했던 이 같은 강자의 논리가 지금도 미국사회에서 두루 인정받는 미덕은 아닐까? 잭슨 대통령이 보여줬던 민주주의에 대한 열정과 그의 기이한 행적이나 정책은 "잭슨스럽다(Jacksonian)"란 신조어를 낳았고, "~스럽다"는 어미가 들어간 신조어의 전통은 지금도 이어지고 있다.

서부개척

가축 몰이꾼(Herd Quitters),
C. M. 러셀 작(1897년), 몬태나 역사학회 맥케이 컬렉션

- 빛지지 않은 선물
- 카우보이 문화
- 우주의 카우보이들
- 끝없는 도전

역사도 없고, 문화도 없고, 아직 개척되지 않은 황량한 벌판만이 그들 앞에 놓여있었던 신대륙에서, 청교도들은 그 누구에게도 신세지지 않고 그들의 운명을 스스로 개척했다. 처음엔 "대박"을 꿈꾸며 "아메리칸 웨스트"로 몰려들었다. 세월이 흐르면서, 그들의 "아메리칸 드림"은 차츰 "서부개척 정신"으로 바뀌어갔다. 그리고 "서부개척 정신"은 그들이 짊어져야만 하는 숙명, 즉 "매니페스트 데스티니(Manifest Destiny)"로 승화됐다. 한편, 미국의 "와일드웨스트"는 그 자체가 판타지였던 중세 유럽을 뛰어넘는 가장 낭만적인 역사의 무대였고, 여기서 태어난 "총잡이"들의 "카우보이 문화"는 오늘날 미국문화의 뼈대가 됐다. 오늘의 미국을 낳은 그들의 "서부개척 정신"은 지금도 우주에서, 또 싸이버 공간에서 끝없는 도전으로 이어지고 있다.

서부개척

빛지지 않은 선물

The Gift Outright

✪ 1961년 1월 20일, 존 F. 케네디의 대통령 취임식 때, 85세의 노 시인 프로스트는 취임을 축하하며 그의 애송시 「빛지지 않은 선물(The Gift Outright)」을 완벽하게 암송했다. 오래오래 기억될 극적인 순간이었다. 이를 두고, 『워싱턴 포스트』 지는 프로스트가 취임식에 참석한 군중들의 마음을 훔쳤다고 보도했다. 프로스트(Robert Frost: 1874~1963)가 1936년에 지은 이 시는 1942년에 출간됐었다.

「빛지지 않은 선물(The Gift Outright)」

시: 로버트 프로스트

번역: 카나비

이 땅은 처음부터 우리들의 것이었지요.

우리가 이곳의 국민이 되기 백 년 전부터

이곳은 우리들의 땅이었습니다.

매사추세츠 때에도, 버지니아 때에도

이 땅은 우리들의 것이었어요.

하지만, 그땐 우리는 한날 영국의 식민지 주민이었지요.

우리가 권리를 행사하지 못하던 것을 가졌었고,

지금은 더 이상 우리를 지배하지 못하는 것에 지배받았던

그런 주민 말입니다.

우리가 내팽개쳤던 어떤 것이 우릴 약하게 만들었습니다.

그런데 우리가 살고 있는 우리들의 땅에서 우리가 버렸던 건

바로 우리들 자신이었다는 것을 알게 됐고,

그리고 곧바로 우린 패배주의에서 구세주를 발견했습니다.

그렇게 그 누구의 도움도 없이 우리는 스스로 온몸을 바쳤고,

(선물의 가장 중요한 부분은 수많은 전쟁에서 쟁취한 공적들이었지요)

서부개척의 소명을 어렴풋이나마 실현시켰습니다.

이곳은 그때도 그렇고, 앞으로도 그러겠지만,

아직 얘깃거리도 없고, 문화도 없고, 미개척인 땅입니다.

이 시는 역설적 화법으로 표현되어, 직관과 반대되는 통찰의 개념을 품고 있다. 시인의 외침은 미국인들에게 앞으로도 계속해

서 새로운 역사를 쓰고, 새로운 문화를 만들고, 그리고 미지의 세계를 개척해 나아가라고 호소하고 있다. 시인은 또 미국을 이룩한 그들의 선조들은 애초에 그 누구에게도 신세지지 않고 그들의 운명을 스스로 개척해온 청교도들이었음을 일깨우고, 이 "청교도 정신"이 "서부개척 정신"으로 이어졌음을 강조하고 있다. 그야말로 빚이나 담보 같은 군더더기가 없는 깨끗한 선물을 스스로 만들어 자신들에게 안겨주었던 것이다. 프로스트가 이 시에서 외쳤던 미국의 "서부개척 정신"은 오늘날 미국이 초강대국으로 발돋움하는 주춧돌이 됐다.

✪ 미국의 동부지역이 유럽에서 몰려든 이민자들로 북새통을 이룰 때, 그들의 숨통을 터준 돌파구는 미개척지인 드넓은 서부지역이었다. 19세기 후반 들어 미디어들은 "올드 웨스트(the Old West)" 또는 "와일드 웨스트(the Wild West)"라고 불리는 이 지역에 대한 기사를 쏟아냈고, 사람들의 관심 또한 마땅히 폭발적이었다. 그 시기는 대략 1860년대에서 1910년대까지다. 그곳에서는 이제까지 듣도 보도 못했던 미지의 세계가 펼쳐지고 있었다. 즉, 아메리카 원주민들, 버펄로(물소)와 소떼들, 카우보이들, 금광과 매춘부들, 그리고 아직 법과 질서가 자리 잡지 못한 곳에 으레 등장하곤 하는 무법자들 등등, 온갖 이질적인 요소들이 뒤범벅된 채 별의별일들이 벌어지고 있었다. 시쳇말로 "대박", 미국인들의 표현으론 "보난자(bonanza)"를 꿈꾸던 "골드러시(Gold Rush)"도 이

때 있었던 일이다. "보난자"는 1861년~1867년 사이의 "골드러시" 당시, 광부들 사이에서 '큰 광맥'을 일컫던 말이다. 학자들은 1850년~1920년까지 "서부개척"의 역사를 "올드 웨스트의 신화"라고 일컫기도 한다.

"서부개척"의 전선은 애초에 유럽 사람들이 아메리카 대륙에 정착했던 지역의 밖을 뜻했다. 그 전선은 1630년대에 시작하여 1880년대에 이르기까지 꾸준히 서쪽으로 나아갔다. 하지만, 때론 북쪽의 메인과 버몬트로, 남쪽의 플로리다로, 캘리포니아로부터 동쪽의 네바다로 전진하는 무리들도 있었다. 당시 "웨스트"란 항상 국경의 바깥을 뜻하는 말이었지만, "아메리칸 웨스트(American West)"라고 하면 19세기에 미시시피 강 서쪽 지역을 뜻했다. 외국 및 원주민들과의 조약, 정치적 타협, 무력정복, 법과 질서의 확립, 새로운 길 내기와 농장·목장·타운의 건설, 광산 개발, 그리고 많은 외국인들의 이민 등과 같은 온갖 수단과 방법을 통해서, 미국의 영토는 동쪽 해안에서 서쪽 해안으로 꾸준히 넓혀지고 있었다. 새로운 땅을 개척하는 일은 항상 새로운 전선이었다. 그래서 "서부개척 정신"은 곧 "프런티어 정신(Frontier Spirit)"과 같은 말이 됐다. 이 "프런티어 정신"으로, 미국은 마침내 그들의 꿈을 이루게 됐다. 여기서 그들의 꿈이란 해안(대서양)에서 해안(태평양)을 잇는 영토 확장이었다. 그것은 또한 그들이 짊어져야만 했던 숙명, 즉 미국인들의 표현으로 "매니페스트 데스티니

(Manifest Destiny)"였다.

✪ 미국 "서부개척"의 역사는 넓디넓은 미지의 세계에서 벌어지는 모험과 서스펜스 속에 이뤄졌다. 원래 그 땅의 터줏대감이던 아메리칸 인디언들과의 피치 못할 대결, 무법천지에 반드시 나타나는 악당들과의 정의의 한판 결투, 미지의 세계에 대한 호기심과 모험심 등이 얽히고설키면서 그 자체가 대하드라마였다. 미국의 "서부개척"이란 말 속엔, 맨 처음 식민지 정착 시기부터 20세기 초까지 서쪽으로 서쪽으로 확장해 가는 전진의 물결에 휩쓸렸던 지리·역사·민속·생활의 문화적 표현이 함축돼있다. 역사학자 하인(Robert Hine) 교수와 패러거(John Faragher) 교수의 "서부개척"에 대한 평가는 서사시적이다.

"서부개척의 역사는 우리에게 창조를 얘기하고, 사회공동체들을 지켜내며, 토지를 개간하고, 시장을 개척하고, 나라를 형성해나간 이야기를 들려준다." /…/ "그건 정복의 이야기지만, 동시에 생존과 저항과 여러 민족들이 몰려들어온 이야기이기도 하고, 미국을 탄생시키고 삶을 이어갈 수 있게 한 온갖 문화들이다."

"서부개척"이 역사 속으로 사라지자, "와일드웨스트"는 소설과 영화, 드라마, 코미디, 뮤지컬 속에 신화와 전설로 되살아났다. 그리고 그 신화와 전설은 사람들의 머릿속에 또렷이 아로새겨졌다.

미국은 인류 역사상 자신의 이미지 아이콘을 스스로 선택했던 유일한 나라다. 냉소적으로, "아메리칸 웨스트"는 지어낸 신화라는 비판도 만만찮다. 미국역사에 대해 많은 책을 쓴 영국의 데이비드 머독 교수도 그의 저서 『아메리칸 웨스트(The American West)』, 부제 「그 지어낸 신화(The Invention of a Myth)」에서 "아메리칸 웨스트"의 허구성을 꼬집었다.

"그 어떤 나라도 자신의 과거로부터 시간과 장소를 택하여, 미국이 '아메리칸 웨스트'의 신화를 창조했던 것과 똑같은 상상의 세계를 만들어낸 나라는 없다."

서부개척

카우보이 문화

✪ 카우보이는 단순한 "소몰이꾼"을 넘어 "총잡이"로서, 미국의 "서부개척" 시대를 대표하는 문화적 아이콘이었다. 그들은 "서부개척"이라는 대하드라마에서 무질서·불법·탈법을 저지르는 악당들을 상대로 법과 정의, 그리고 질서를 지키기 위해 알게 모르게 헌신한 주역이기도 했다. 그 가운데, "가축 남작(the Cattle Baron)"이라는 별명을 가진 존 치썸(John Chisum: 1824~1884)은 카이보이의 아이콘이나 다름없는 인물이었다. 그는 맨 처음 텍사스 주에서 텍사스 사막을 거쳐 뉴멕시코 주 남서부에 있는 페코스 강 유역으로 1,000여 마리에 가까운 소떼를 몰고 온 카우보이였다. 그는 뉴멕시코 주둔 육군과 콜로라도 광산업자들에게 소를 팔아 목장을 키워갔다. 하지만, 세월이 흐르면서, 한발 늦게 그 지역으로 들어와 정착한 다른 소규모 목축업자들의 소들과 섞이기 일쑤였다. 그러다보니 분쟁이 뒤따랐고, 마침내는 링컨카운티 전쟁

(1878~1880)으로까지 발전했다. 목장주 치썸, 악당 "빌리 더 키드", 보안관 브래디와 가레트, 변호사 맥스윈, 거상 머피 등, "올드 웨스트" 당시 유명했던 인물들이 한꺼번에 등장해 매우 유명해진 전쟁이다. 이 전쟁은 19세기 후반에 라이벌 간에 벌어진 "땅따먹기(turf war: 영역싸움)"의 전형으로, "와일드웨스트" 당시 대표적 "목장전쟁(range war)"이었다. 이런 에피소드는 몇몇 할리우드 영화로 제작됐는데, 그 가운데엔 존 웨인이 주연한 〈치썸(1970)〉과 〈영 건스(Young Guns: 1988)〉도 들어있다. 오늘날 뉴멕시코 주 로스웰 근처에 있는 '치썸 목장'엔 말을 탄 치썸의 동상이 서 있고, 그가 소떼를 몰고 온 길은 '치썸 길(Chisum Trail)'이라며 그를 기리고 있다.

미국의 "와일드웨스트"는 그 자체가 판타지였던 중세유럽을 뛰어넘는 가장 낭만적인 역사의 무대였다. 이처럼 매력 덩어리인 "와일드웨스트"는 무한한 상상력과 결합하여 수많은 소설과 영화와 드라마를 탄생시켰다. 소설에 등장하는 미국 서부의 "총잡이" 카우보이들은 중세 유럽에서 활동했던 기사들과는 달리, 더욱 담대하고 공격적이어서 별 볼 일 없는 영웅이 되기를 거부한 채 혼자 정처 없이 떠돌아다니는 길을 택하곤 했다. 그러면서도 그들은 중세 유럽의 기사들이나, *사무라이*와 *닌자*들, 그리고 캐리비아의 해적들보다도 더욱 낭만적인 캐릭터로 그려졌다. 그 과정에 스릴과 서스펜스가 넘치는 미지의 세계에 도전하며 액션과 어드벤처를 즐기는 가공의 영웅들이 수없이 태어났다. 눈가리개

존 심슨 치썸의 기마상(1824~1884), 뉴멕시코 주 로스웰 시의 파이어니어 광장(the Pioneer Square)에 있다.

마스크를 쓰고 신출귀몰하는 "론 레인저(The Lone Ranger)"라는 이미지는 "서부개척" 시대의 대표적 가공영웅의 아이콘이었고, 잭 셰이퍼가 1949년에 펴낸 소설 속의 "떠돌이 총잡이" 셰인(Shane)은 진정한 "와일드웨스트의 정신"으로 묘사되기도 했다. 또 정통 웨스턴영화 〈하이눈(High Noon: 1952년)〉의 보안관 "윌 케인"이 있는가 하면, 세르지오 리오네 감독의 마카로니 웨스턴 〈석양의 무법자(The Good, The Bad, The Ugly)〉에 나오는 "금발머리(Blondie)"나 "이름 없는 사나이(The Man with No Name)" 같은 인물도 있다. 수많은 서부활극 영화들이 각기 다른 에피소드들을 얘기하지만, 우리에게 던지는 메시지는 한결같이 "정의는 승리한다"는 것이었다. 이 메시지는 결국 그 바탕에 "청교도 정신"과 "서부개척"의 소명, 즉 "매니페스트 데스티니"를 깔고 있었다. 그리고 미국인들이 유독 "정의(justice)"를 목청 높여 부르짖는 것도 바로 그들의 정신세계에 이런 철학이 깃들어있었기 때문이다.

✪ "컨트리음악"은 1920년대 미국 남부의 농촌 지역에서 시작된 미국 대중음악의 한 장르다. 그 뿌리는 '웨스턴 카우보이'의 동남부 아메리칸 민속음악에서 찾을 수 있다. 역사 기록을 보면 처음엔 블루스 모드가 전부였다. "컨트리음악"은 일반적으로 발라드와 단순한 형태의 댄스 음조로, 벤조·일렉트릭기타·어쿠스틱기타·피들·하모니카 등 대부분 현악기들이 만들어내는 화음으로 구성된다. 20세기 중반엔, '힐리빌리'와 비슷한 뿌리에서 생겨나 함

께 성장해온 '웨스턴음악'을 통틀어 "컨트리"라 불렀다. "컨트리음악"은 우리의 트로트에 견줄 수 있는데, 우리에게 트로트가 비교적 구세대의 전유물 정도로 여겨지는 것과 달리, 미국 "컨트리음악"은 대중성이 있어서 지금도 상당한 인기를 끌고 있다. "컨트리음악"의 주제는 주로 노스탤지어(향수), 트랙터와 트럭과 술, 바르게 사는 길, 사랑과 이별, 시골이나 공장 노동자들의 일상생활, 섹스를 빗댄 은유적인 말, 애국심 등과 관련된 것이 주를 이룬다.

오늘날 "컨트리음악"의 중심지는 "음악의 도시(Music City)"라는 별명을 지닌 테네시 주 내슈빌(Nashville)이다. 내슈빌의 브로드웨이 거리는 "홍키통크 하이웨이"로 불린다. 이곳엔, '컨트리음악 명예의 전당(Country Music Hall of Fame)'과 1925년 이래 "컨트리음악"의 성지가 된 '그랜드 올 오프리(Grand Ole Opry)'를 비롯하여 "컨트리음악"에 관한 모든 것들이 모여 있다. 'ACM(컨트리음악 협회)상'의 시상식도 해마다 이곳에서 열린다. 「링 오브 파이어(Ring of Fire)」을 부른 "컨트리음악의 전설" 자니 캐슈, "컨트리음악의 최고봉" 팀 맥그로, 「더 갬블러(The Gambler)」로 '그래미상'에 빛나는 케니 로저스, "신세대 뮤지션" 테일러 스위프트 등이 "컨트리음악"을 빛낸 이들이다. 이렇듯 미국에서 "컨트리음악"은 세대를 뛰어넘어 이어지고 있는 "카우보이 문화"의 전형이다.

✪ "카우보이 문화"에서 뺄 수 없는 것이 홍키통크(honky-tonk)다. 홍키통크는 고객들에게 주로 "컨트리음악"을 들려주는 바 형

태의 술집으로, 주로 미국의 남부나 남서부에 많이 있다. "홍키(honky)"는 1900년대 보헤미안·헝가리인·폴란드 이민자들을 경멸하는 말 "보헝크(bohunk)" 또는 "헝키(hunky)"에서 유래한 것으로 알려져 있다. 시카고 정육공장에서 일하는 흑인들이 백인 동료들을 차별하는 뜻으로 쓰기 시작한 것이 모든 백인들에게 적용됐다. 어네스트 통크(Earnest A. Tonk)회사가 만든 그랜드 피아노를 "통크(Tonk)" 피아노라 불렀는데, 이 말이 "홍키"와 조합되어 "홍키통크 바(honky tonk bar)"라는 말이 생겨났다. "홍키통크"란 말은 20세기 이래 미국음악의 여러 스타일에도 두루 적용되고 있다.

로데오(Rodeo) 역시 "카우보이 문화"의 일부다. 로데오는 원래 스페인과 멕시코, 그리고 나중에 미국·캐나다·남미·호주 등지의 소몰이 관행에서 비롯한 스포츠 경기인데, 지금의 미국 서부, 캐나다 북부, 그리고 멕시코 등지에 있는 카우보이들이 흔히 사용하고 있는 소몰이 기술을 바탕으로 만들어낸 스포츠다. 경기는 참가 카우보이와 카우걸 선수들의 기술과 스피드를 테스트할 수 있도록 설계돼있다. 오늘날엔 말 외에도 다른 가축들과 함께 하는 스포츠 이벤트로 발전했다.

✪ 요즘 우리나라뿐만 아니라 세계적으로 선풍을 일으키고 있는 비보잉(B-boying)의 원조는 미국 서부 "카우보이 문화"에서 생겨난 클로깅(Clogging) 춤이다. 클로깅은 구두 발굽과 뒤축으로 마룻바닥을 치며 리듬에 맞춰 추는 포크댄스의 일종이다. 이 춤이

야생마에 말안장 없이 타기(Bareback bronc riding) 장면, 날뛰는 말 위에서 카우보이가 버텨내려고 안간힘쓰고 있다.

나중에 스트리트 댄스(Street dance), 일명 버내큘라 댄스(Vernacular dance: 향토적 댄스)로 진화하고, 거기서 힙합(Hip-hop) 스타일 비보잉 춤이 탄생했다. 클로깅은 지방에 따라 플랫푸팅(flat-footing), 풋스톰핑(foot-stomping), 벅댄싱(buck dancing), 클로그 댄싱(clog dancing), 지깅(jigging) 등, 여러 가지 이름으로 불린다. 라인 댄싱(Line dancing) 또한 "카우보이 문화"에서 태어났다. 라인 댄싱은 "컨트리웨스턴" 음악 및 춤과 연관이 있지만, 포크댄스와 비슷한 점이 많다. 라인댄스는 한 줄 이상으로 서서 다른 사람들과 함께 일제히 똑같이 추는 춤을 말하는데, 춤출 줄 모르는 사람도 현장에서 간단한 실습만으로, 모르는 사람들과 바로 어울려 즐길 수 있는 점이 큰 매력이다.

라인댄스를 추고 있는 카우보이들의 캐리커처.

서부개척

우주의 카우보이들

✪ 카우보이들이 남긴 문화는 미국사회 곳곳에 깊숙이 스며들었지만, 이들 카우보이 후예들은 여전히 "서부개척"시대 당시 화려했던 "보난자"의 추억을 잊지 못하는듯하다. 그 때문에 여태껏 개척되지 않은 우주야말로 이들 도시 카우보이들에겐 더할 나위 없이 매력 넘치는 대상일 수밖에 없었다. 1957년, 세계 최초로 구소련의 '스푸트니크1호' 인공위성이 우주공간에서 지구궤도를 돌게 되자, 미국의 도시 카우보이들의 눈도 마침내 우주로 향하게 된다. 그리고 1969년 7월, 드디어 닐 암스트롱(Neil A. Armstrong)이 달에 그 첫발을 내딛으면서, 우주를 향한 도시 카우보이들의 또 다른 "서부개척"이 시작됐다.

미국이 달 탐사를 성공적으로 마친 뒤, 인류는 더 먼 우주로 눈을 돌렸다. 지구로부터 2억5천만km 떨어진 화성탐사는 미국 도시 카우보이들의 꿈이자 인류의 오랜 숙원이었다. 먼저 시도한 것은 구소련이었지만, 먼저 성공한 것은 미국이었다. 구소련은 1962년~1988년 사이 무려 열한 차례나 시도했지만, 번번이 실패하고 말았다. 반면, 미국은 1964년부터 1975년까지, '마리너(Mariner)'와 '바이킹(Viking)' 같은 화성탐사 프로젝트들을 모두 성공시켰다. 그 뒤, 화성탐사선 '큐리오시티 호(Curiosity)'를 2012년 8월 6일 화성에 안전하게 착륙시켜 토양채취 등 주어진 임무를 성공적으로 수행했다. 미국 항공우주국(NASA)은 화성에 생명체의 존재나 그 가능성을 확인할 로봇을 보내는 'Mars2020' 프로젝트를 추진 중이다. 일론 머스크(Elon Musk)라는 젊은 사업가가 세운 스페이스X사는 2024년에 화성에 인류를 실어 보낼 계획을 세우고, 착실히 준비해가고 있다. "몽상가"로 통하는 일론 머스크는 어린 시절부터 우주개척을 꿈꿔왔던 진정한 우주 카우보이다. 드디어, 다른 행성에 인류의 식민지를 세우고자 했던 인류의 오랜 꿈은 그 실현단계에 다다른듯하다.

✪ 이러한 우주개척은 조지 루커스 같은 호기심 많은 공상가들의 상상력을 자극하기에 충분했다. 그런 유의 공상가들은 마침내 별들의 전쟁, 즉 〈스타워즈(Star Wars: 1977년)〉란 서사시적인 공상과학(SF) 영화를 등장시켰다. '스타워즈'의 개념은 1960년대 후반~1970년대 말까지 미국과 구소련을 치열한 우주경쟁의 터로 내몰았다. 하지만, 지나친 경쟁 끝에 경제력이 뒷받침되지 못한 구소련은 결국 몰락하고 공산주의 체제는 무너지고 말았다. 공산주

의 체제의 타고난 한계였다. 1980년대 들어선, SF와 판타지, 그리고 공포물에 "카우보이 문화"까지 뒤섞여, 새로운 장르의 문학이 태어났다. 이를테면, 청부살인 총잡이 "롤랜드 디스체인"을 주인공으로 한, 스티븐 킹의 웨스턴 판타지소설 『다크 타워(The Dark Tower)』 시리즈가 있다. 1982년 그 첫 권인 『청부살인 총잡이(The Gunslinger)』를 시작으로, 2012년까지 모두 8권이 나왔다. 또, 화성탐사에 얽힌 얘기를 주제로 한 SF영화 〈마션(The Martian)〉이 2015년에 개봉됐다. 이 영화는 앤디 웨어가 지은 같은 이름의 SF소설을 시나리오 작가 드류 고다드가 각색하여 만든 것으로, 또 다른 "와일드웨스트"인 우주를 개척해가는 인류의 꿈을 그렸다. 결과적으로 미국의 어린이와 청소년들은 이런 장르의 소설과 영화, 드라마를 보면서, 미지의 세계에 대한 모험심과 꿈을 키워나가고 있다.

우주에로 꿈을 키워가는 젊은 사업가 일론 머스크 역시 미지의 세계에 도전하는 꿈을 먹고 자랐다. 2030년까지 화성에 인구 8만의 식민지를 만들어 그곳에서 환갑잔치를 여는 것이 그의 꿈이다. 뿐만 아니라, 외계 인공물의 단서를 찾는 세 건의 '뉴프런티어' 프로그램이 미국 템플턴재단에서 추진 중이다. 미국 필라델피아 근교에 본부를 둔 템플턴재단은 펀드매니저로 성공한 자선사업가 존 템플턴(Sir John Templeton)이 종교와 과학에 대한 "커다란 의문들"을 캐는 연구를 돕기 위해 1987년에 세운 재단이다. 그 하나는 1960년 프리먼 다이슨이 발표한 개념으로, 이른바 '다이슨 구(Dyson Sphere)'에서 나오는 폐열을 찾는 것이다. 그의 가설은 이렇다. 만일 우주 어느 곳에 선진문명이 있다면, 자기네 항성(태양)계를 완전히 둘러싸서 그 에너지를 모두 이용하고 바깥쪽으로는 폐열에 해당하는 적외선을 조금씩 발산해낸다. 그 결과 그 은하 전체가 빠르게 어두워질 것이다. 또 다른 두 건의 프로젝트는 케플러 우주망원경의 자료를 통해 상대적으로 작은 인공물을 찾으려는 것이다. 이러한 프로젝트들은 먼 훗날 우리 인류의 미래를 위해 미리미리 차곡차곡 준비해두려는 것들이라 할 수 있다.

서부개척

끝없는 도전

✪ 오늘날 우리 일상생활의 필수품이 된 스마트폰, 인터넷, 차량용 내비게이터 같은 최첨단 기술제품들은 애초에는 미국에서 군사용으로 개발됐던 것들이다. 요즘 기상분석이나 3차원 원자시험 시뮬레이션, 분자운동 시뮬레이션 등에 사용되고 있는 고성능 슈퍼컴퓨터는 말할 것도 없고, 우리 일상생활의 긴밀한 부분이 된 PC·노트북·패드 등도 마찬가지다. 이 문명의 이기들은 모두 '에니악(ENIAC)'이라는 범용컴퓨터에서 진화된 제품들이다. 미 육군의 자금지원으로 펜실베이니아 대학에서 3년간의 연구개발 끝에 1946년에 태어난 최초모델은 웬만한 집채 정도의 크기에, 수많은 진공관과 릴레이로 구성된 괴물이었다. 그런가 하면, 개인용 컴퓨터(PC)는 1975년 MITS사가 인텔(Intel) 8080CPU를 사용하여 만든 '앨테어(Altair) 8800' 마이크로컴퓨터가 그 시초였다. 어느 날 보스턴 지역에 살던 겁 없는 20대 청년 빌 게이츠와 폴

앨런이 MITS사 사장인 에드 로버츠에게 접근하여 'Altair 8800'의 명령어로 번역해주는 베이직(BASIC) 프로그램 언어를 개발해 주겠노라고 제안했다. 그 당시 그들은 베이직을 개발 중이었고, 제품은 없던 상태였다. 하지만, 그들은 30일도 채 못 돼 약속한 것을 개발하는데 성공한다. 그들이 개발해낸 컴파일러는 '앨테어 베이직(Altair BASIC)'으로 불렸다. 마이크로소프트와 빌 게이츠의 신화는 이렇게 잉태됐다.

종이테이프에 저장된 Altair 8K BASIC, 1975년 한 본에 $200에 팔렸다.

인터넷은 1969년 미 국방부 산하 첨단프로젝트연구소(ARPA)의 자금 지원 아래, UCLA와 스탠포드대 등, 몇몇 미국 대학들이 공동으로 패킷스위칭 기술을 개발하여 '아르파넷(ARPANet)'을 연결했던 것이 그 시초였다. GPS 역시 미 국방부가 무기 유도, 항법, 측량, 지도제작, 측지, 시각동기 등의 군사적 목적으로 1978년~1985년 사이에 개발한 기술이다. GPS는 전 세계 모든 사람들에게 무료로 사용토록 개방됐고, 덕분에 사람들은 차량용 네비게이션 등에 적용하여 실생활에 유용하게 활용하고 있다. 지금 우리 일상생활을 지배하고 있는 핸드폰도 1973년 미국의 모토롤라사에서 개발해 낸 1kg짜리 벽돌 크기의 제품에서 비롯됐다. 미국에서는 이처럼 군과 기업, 그리고 대학이 서로 협력하여, 새로운 방위산업 제품을 성공적으로 개발해내는 전통이 있다. 이것은 상대방과 내가 서로 윈-윈(win-win)할 수 있는 제도와 문화가 마련돼 있었기에 가능한 일이었다.

✪ 실리콘밸리는 현대판 "서부개척 정신"이 고스란히 배어있는 또 하나의 공간이다. 마치 "서부개척"시대 때 "보난자"의 꿈을 찾아 서부로 몰려들었듯, 1970년대부터 수많은 젊은이들이 실리콘밸리로 몰려들었다. 그들은 그곳에서 "아메리칸 드림"을 꿈꾸며, 무한한 상상력을 펼치고 열정을 불태웠다. 벨연구소에서 트랜지스터를 개발하여 노벨상을 수상한 "반도체의 아버지" 쇼클리는, 1956년 벨에서 독립하여 실리콘밸리에 반도체회사를 차렸다. 여기에 참여했던 이른바 "12인의 배신자들" 가운데는, 인텔의 고든 무어와 앤디 그로브도 포함됐다. 불과 30여년 만에, 수많은 세계

적 기업들이 이곳에서 태어났다. 애플·구글·인텔·야후·시스코·유튜브·트위터·페이스북·이베이와 같은 세계 굴지의 기업들이 모두 실리콘밸리라는 인큐베이터에서 쑥쑥 자라났다. 그곳은 이제 최첨단 기술개발과 소규모 스타트업 기업의 허브가 됐다. 요즘 실리콘밸리에는 가상공간인 사이버 세상을 개척해가는 기업들도 수두룩하다. 1995년엔 이베이(e-Bay)가 온라인 경매 및 상거래를 시작하고, 2007년엔 애플이 스마트폰을, 구글이 모바일OS '안드로이드'를 공개했다. 이곳에서 태어난 유튜브·트위터·페이스북 같은 SNS(소셜네트워크서비스) 열풍은 몇 년 전 "아랍의 봄"을 몰고 오기도 했다.

실리콘밸리가 이처럼 성공할 수 있었던 데에는 외적환경도 한몫을 톡톡히 했다. 주변에는 스탠포드, UC버클리, 칼텍 같은 우수한 대학들과 쇼클리연구소와 HP 등이 있어서, 산학협동에 안성맞춤이었다. 또 다른 요인도 있다. 벤처회사들에게 유리한 캘리포니아 주 법규, 자금조달이 쉬운 벤처캐피탈과 막대한 자금줄인 연금 기금들의 금융지원도 빼놓을 수 없는 성공요인이었다. 특히 캘리포니아 주 상법에서는 회사가 파산, 또는 부도가 났을 경우, 경영자나 창업자들이 회계부정·공금유용과 같은 중대한 잘못을 저지르지 않는 한, 개인의 재산은 철저히 보전해 준다. 그러므로 아이디어 하나만 가지고 사업을 하다가 설령 실패하더라도 재기가 가능하기 때문에, 우리나라의 중소기업 사장들처럼 본인과 가족이 쪽박을 차고, 보증으로 친구나 친지의 재산을 날리는 경우는 없다.

✪ 오늘날 미국이 세계를 이끌고 있는 소프트웨어, 비즈니스 모델, 그리고 4차 산업혁명 분야에서도 “서부개척 정신”은 작동되고 있다. PC용 운영체계(OS)인 마이크로소프트의 윈도우(Window)는 전 세계의 표준이 된 지 오래다. 모바일용 OS에서도 구글이 개발한 안드로이드(Android)와 iOS가 전 세계를 주름잡고 있다. 공장자동화에 필수적인 PLC는 MIT대학 출신 엔지니어 딕 몰리(Dick Morley)가 1968년에 GM을 위해 개발한 것이었다. PLC(Programmable Logic Controller)는 공장에서 제조공정을 제어하기 위해 쓰이는 수많은 릴레이, 타이머, 시퀀서(sequencer) 같은 하드웨어 장치를 소프트웨어 로직으로 바꾼 컨트롤러다.

PLC는 우리나라 제조업의 발전에도 크게 이바지하기도 했다. 1970년 일본의 자본과 기술을 빌려서 지은 포스코 제철공장은 일본을 뒤쫓아 가기에도 벅찼다. 1980년 말, 포스코 엔지니어들이 “블랙박스”라 부르던 PLC는 포스코의 제조공정을 하드웨어 중심에서 소프트웨어 중심으로 전환시키는 출발점이 됐다. 일본이 IT하드웨어 강국의 자리를 지키며 하드웨어의 노예가 돼있을 때, 포스코는 발 빠르게 움직여 소프트웨어를 바탕으로 한 공정 자동화를 꾀함으로써, 결국 일본을 추월할 수 있었다.

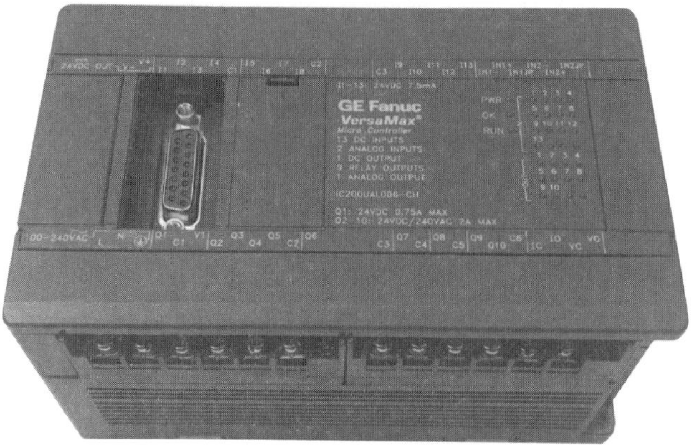

"블랙박스"로 불리던 PLC와 같은 종류의 GE-Fanuc PLC.

미국은 또 기존의 비즈니스 관행이나 프로세스를 혁신적으로 뜯어고친 새로운 비즈니스 모델을 만들어 시장을 이끌어간다. 미국에 본부를 둔 다국적 유통업체인 월마트(Walmart)는 물류창고를 매장으로 바꿈으로써, 가치사슬을 줄여 물류비용을 낮추고 상품의 회전률(turnover)을 획기적으로 개선하여 소비자 가격을 낮췄다. 이런 종류의 유통업체가 창고형 할인매장으로도 불리는 이유다. 월마트의 등장으로 미국의 유통시장은 더욱 치열한 경쟁을 벌이지만, 가격-성능 비가 좋은 상품을 맘껏 고를 수 있는 소비자에겐 큰 혜택으로 다가가기 마련이다. 델컴퓨터(Dell Computer)는 제조공장이 없는 컴퓨터 회사다. 구매자가 온라인상으로 직접 사양을 정하여 주문하면, 델은 부품 물류센터에서 바로 컴퓨터를 조립하여 2~3일 안으로 배송한다. 물류센터는 수요예측에 따라 해외에 있는 협력공장에서 주기적으로 구매해 놓은 부품들을 보관하는 곳이다.

이밖에도, AI(인공지능), IoT(사물 인터넷), 로봇 등을 이용한 4차 산업혁명에서도 미국은 세계를 앞서나가고 있다. 이를테면, 자율주행 자동차, 무인 드론, 계산원 없는 매장 등을 들 수 있다. 미국의 온라인 유통회사 아마존은 2016년 시애틀에 계산원이 없는 아마존 고(Amazon Go)의 시험매장을 선보였다. 그 뒤, 시애틀, 시카고, 샌프란시스코, 뉴욕에 지금까지 모두 17개의 점포를 열었다. 여기서 매우 중요하고 결정적인 요건이 있다. 이 같은 기술이나, 비즈니스 모델, 시장의 혁신은 시장경제체제에서만이 작동 가능한 원리라는 것이다.

✪ 1993년, 기술을 이용해 조직의 경쟁력을 키우는 방법을 소개한 『테크노트렌드(Technotrends)』, 부제 「우리의 생활을 혁신시킬 24개의 기술들」이라는 책이 나왔다. 저자 대니얼 버루스(Daniel Burrus)는 당시 미국에서 가장 앞서가는 기술예측 전문가로, 또 미래학자로 정평이 나있었다. 1980년대부터 그는 『포춘(Fortune)』지 선정 500대 기업, 즉 '포춘500'에 속하는 여러 기업체의 핵심 간부들에게 컨설턴트로서 자문역할을 하는 한편, 전 세계 1,200개 기관들로부터 강연을 부탁받은 인기 있는 연사였다. 『테크노트렌드』에서 그는 카드게임을 예로 들면서, 기존의 카드게임의 규칙을 자기에게 유리한 새로운 규칙으로 바꾸고 그 새 규칙에 따라 게임을 하면, 그 규칙을 만든 사람이 게임에서 이길 수밖에

없다는 것을 설파했다. 그때부터 미국의 정부나 기업들은 기술특허를 강화하고 새로운 기술표준이나 반덤핑·기후·환경 같은 새로운 "게임의 규칙"을 만들기 시작했다.

미국에서 특허는 "전가(傳家)의 보도(寶刀)", 즉 대대로 가문에 물려 내려오는 숨겨둔 귀중한 칼 같은 것이었다. 하지만, 지금은 그보다 더 무서운 무기로 세계시장을 난도질하고 있다. 예컨대, "애플페이(Apple Pay)" 같은 앱을 이용한 생태계 담벼락을 쌓아올려, 모바일 세상에서 "앱등이" 즉 애플 매니아(Apple Fanatics)가 판을 치는 세상을 만들어놓았다. 그런 관점에서 베스트셀러 『습관의 힘(the Power of Habit)』의 작가인 NYT의 찰스 두히그 탐사전문기자가 한 말을 곱씹어볼 필요가 있다.

"애플이 삼성을 상대로 스마트폰 특허 소송을 낸 배경에는 소비자 습관을 배타적으로 소유하기 위한 전략이 깔려있다."

✪ 1990년 8월 이라크가 쿠웨이트를 침공하여 시작된 제1차 걸프 전쟁 때의 일이다. 미국이 이끄는 다국적군이 뒤늦게 대 이라크 전쟁을 선포한 뒤, 1991년 1월 미국의 F-117 폭격기들이 이라크 수도 바그다드를 맹폭격할 때, 마치 전쟁영화를 보듯이 안방에서 그 광경을 생생하게 본 기억이 있다. CNN 취재진이 바그다드의 한 호텔 방에서 그 순간순간을 설명하기까지 했다. 이를 계기로 조지아 주 애틀랜타에 본부를 둔 CNN(Cable News Network)

은 세계 언론계에서 일약 스타가 됐다. 1980년 창립된 이래, 역사적 사건의 현장엔 어김없이 CNN이 함께 했다. 미국 사람들이 CNN에 새롭게 눈길을 돌린 것은 1980년 12월 8일, 전 비틀즈 멤버였던 존 레넌이 뉴욕에서 총격을 당했을 때였다. 충격에 사로잡힌 팬들은 CNN을 보면서, 이 사건이 어떻게 진행되고 있는지 실시간으로 알 수 있었다. TV뉴스라고는 오직 NBC·ABC·CBS 같은 거대 방송국과 그 제휴 방송사들이 정해놓은 시간에만 보는 것으로만 알았던 사람들에게 이것은 신선한 충격으로 다가왔다. 그 뒤로, 이란에서 인질로 붙잡혔던 미국인들이 풀려난 사건, 에어 플로리다 항공사의 제트기가 워싱턴의 얼어붙은 포토맥 강에 빠진 사건, 플로리다 주 상공에서 우주 왕복선 챌린저호가 폭발한 사건 등, 큰 사건이 터질 때마다 사람들은 CNN으로 채널을 돌렸다.

성공을 이룬 이 미디어그룹에 대해 의견이 분분한 것 또한 사실이다. 특히 중동국가들로부터 CNN뉴스는 친미성향의 관점에서만 보도한다는 비판이 자자한 반면에, 미국 내에서는 "너무 자유분방하다"거나 "반미적인 성향"이라는 비판을 받고 있다. CNN이 이처럼 세계 곳곳에서 좌충우돌하고 있는 것은 "언론의 자유"라는 이름으로 스테레오타입 같은 판에 박힌 방송의 관행을 허물었기 때문으로 보인다. 어쨌든, 미국인들의 모험심은 폭탄이 떨어지는 전쟁터 한 가운데 들어가 목숨을 내걸고 뉴스를 생중계하게 했다. 미지의 새로운 세계를 향해 끊임없이 발걸음을 내딛고

싫어 하는 미국인들의 "서부개척 정신" 없이는 이런 무모한 일을 결코 해내지 못했을 것이다. 우리 인류가 끊임없이 발전해올 수 있었던 것도 사실은 이러한 모험심 때문이었다. 그래서 사람들은 목숨을 건 모험담에 한결같이 솔깃해하는지도 모른다.

아메리칸 인디언

말을 탄 아메리칸 인디언 전사

- 천 가지 바람(A Thousand Winds)
- 비전 퀘스트(Vision Quest)
- 눈물의 길
- 곳곳에 새겨진 인디언 이름들

미국의 “서부개척” 역사에서 빼놓을 수 없는 존재가 아메리칸 인디언들이다. 미국인들이 만든 서부활극에선, 그들은 언제나 포악한 야만인의 대명사였다. 한때 아메리카 대륙의 터줏대감이었지만, 백인들의 눈에 비친 그들은 오로지 제거의 대상일 뿐이었다. 하지만, 그들의 말과 이름들이 오늘날 미국사회 구석구석에 깊이 박혀있다는 사실은 또 어떻게 설명돼야 할까? 예부터 전해 내려오는 독특한 성년 통과의례, “비전 퀘스트(Vision Quest)”는 무엇인가? 더불어 아메리칸 인디언들이 읊은 시나 속담, 전설, 그리고 인디언 추장이 썼다는 편지를 통해, 그들이 지녔던 차원 높은 정신세계, 그리고 자연에 대한 두려움과 깊은 사랑에 대해 살펴본다. 지금까지 세상에 잘 알려지지 않았던 아메리칸 인디언들의 참모습에서, 그들이 미국사회에게 끼친 정신적 영향을 조명해 본다.

아메리칸 인디언

천 가지 바람
A Thousand Winds

✪ 소중한 사람을 잃은 슬픈 자리에 늘 함께 하며, 죽은 이들의 영혼을 달래곤 하는 유명한 시가 있다. 「천 가지 바람(A Thousand Winds)」이란 시다.

「**천 가지 바람**(A Thousand Winds)」

시: 마카 족 인디언

영역: 매리 프라이

번역: 카나비

내 무덤 앞에 서서 울지 마셔요.

나는 거기에 없어요, 잠들지 않았어요.

나는 천 가지 바람이어요.
나는 눈 위에 반짝이는 다이아몬드여요.
나는 무르익은 곡식을 비추는 햇빛이어요.
나는 촉촉이 내리는 가을비여요.

아침의 고요 속에서 당신이 깨어날 때
푸드득 솟구쳐 올라
소리 없이 하늘을 맴도는 새여요.
나는 밤에 부드럽게 빛나는 별이어요.

내 무덤 앞에 서서 울지 마셔요.
나는 거기에 없어요, 나는 죽지 않았어요.

이 시는 예로부터 아메리칸 인디안 마카(Makah) 족 사이에 전해 내려오는 토속시를 1932년 매리 프라이(Mary Frye)가 영어로 번역한 것으로 알려져 있다. 별·햇빛·바람·눈·이슬·별, 그리고 고요한 아침의 작은 새 등, 아름다운 대자연이 곧 인간의 영혼이라는 것을 일깨워주는 아름답고도 때 묻지 않은 시다. 이 시가 널리 알려지게 된 데에는, 어느 젊은 영국군 병사의 죽음에 얽힌 슬픈 일화가 있다. 1989년 스물 네 살의 앳된 스티븐 커밍스는 IRA(북아일랜드 반군)의 폭탄 테러로 목숨을 잃었는데, 그가 남긴 편지에 이 시가 들어 있었다. 1995년에 스티븐의 아버지가 영국 BBC에서 이 시를 낭송하자 순식간에 영국 전역과 영어권에 그 소식이 퍼지게 됐다. 그 당시 "폭풍우처럼 온 나라를 휩쓴 시"라고 언론에서 떠들어댔다. 그 뒤론 소중한 사람을 잃은 슬픈 자리에는 늘 이 시가 함께 하여, 죽은 이들의 영혼을 달래고, 동시에 남겨진 사람을 위로하곤 했다. 영화감독 하워드 호크스의 장례식에서도, 챌린저호에서 사망한 다섯 우주비행사들의 추도식에서도, 이 시가 낭송됐다. 그리고 미국 9.11테러의 1주기 추도식에서 테러로 아버지를 잃은 11세 소녀도 어김없이 이 시를 읊었다.

✪ 알래스카와 북미 북서해안지역에 살고 있던 하이더(Haida) 인디언 부족은 그들의 자연사랑에 대한 멋진 속담을 남겼다.

"우리는 이 땅을 우리 조상들로부터 물려받은 것이 아니라, 우리 아이들로부터 빌려 온 것이다."

또한 1855년, 쑤쿠아미 족(Suquamish)의 추장 시애틀(Seattle)이 당시 미국의 14대 대통령 피어스(Franklin Pierce: 재임 1853~1857)에게 보낸 답신은 마치 미래를 점치는 듯한 내용으로 가득했다. 편지의 핵심은, 만일 자기네 부족이 소유한 땅을 백인들에게 팔면, 아름다운 자연이 공해로 찌들어 이내 황폐해질 거라는 경고였다. 그때로부터 150여 년이 지난 지금, 시애틀 추장의 예언은 적중했다. 시애틀 추장이 피어스 대통령에게 보낸 편지의 일부를 소개

1908년에 세워진 시애틀 추장의 동상, 시애틀 시 틸리컴 플레이스(Tilikum Place)에 있다.

한다.

"당신은 어떻게 저 하늘과 이 땅의 따스함을 사고 팔 수 있는가? 우리에겐 이상하게 들린다. 우리가 소유하고 있지도 않은 공기의 신선함과 물의 반짝임을 어떻게 팔 수 있다는 말인가? 이 땅의 모든 부분이 우리 종족에게는 신성하다. 빛나는 솔잎, 해변 모래밭, 어둑한 숲속에 피어나는 안개, 숲속의 모든 빈터, 맑게 노래하는 온갖 벌레들, 이 모두가 우리 종족의 기억과 경험 속에서는 거룩한 것이다. 피가 우리들 혈관을 따라 흐르듯 나무속에도 수액이 흐른다. 우리는 땅의 한 부분이고 땅은 우리의 한 부분이다. 향기로운 꽃들은 우리의 자매들이다. 곰, 사슴, 큰 독수리 – 이들은 우리의 형제들이다. 바위산 꼭대기들, 풀밭에 맺힌 이슬, 조랑말의 체온, 인간, 이 모두가 한 가족이다. (후략)"

그런가하면, "흰 깃털"이라는 이름의 나바호(Navajo) 주술사(추장)의 말도 인류애가 철철 넘쳐나는 표현들이어서 매우 인상적이다. 마치 선사시대 때 우리 단군임금이 내세웠다는 '홍익인간' 정신을 그대로 묘사해놓은 듯하다.

"아메리카 원주민은 피가 아니다. 그건 가슴 속에 있는 그 무엇이다. 땅에 대한 사랑, 그리고 존경, 그것을 물려받은 사람들, 영혼과 웃어른들에 대한 존경과 인정, 이것이 바로 인디언이 되는 길이다./…/우린 모두 인류라는 한 종족이다."

✪ 미국의 국립공원(National Park)이나 국립수목원(National Forrest)은 다분히 아메리칸 인디언들의 자연에 대한 지극한 사랑과 보호 정신에서 영감을 받아 지정됐다 해도 지나친 말이 아니다. 옐로스톤(Yellowstone)이 미국의 첫 번째 국립공원으로 지정된 해가 율리시스 그랜트 대통령 재임 중이던 1872년이므로, 시애틀 추장이 피어스 대통령에게 편지를 쓴 지 17년만의 일이다. 1890년, 세쿼이아(Sequoia)와 요세미티(Yosemite)가 그 뒤를 이었다. 그리고 「1916년 자연환경 법(Organic Act)」에 따라 '국립공원 공단'이 설립됐다. 미국은 현재 58곳을 국립공원으로 지정하여 보호하고 있다. 하이더 인디언 부족의 속담이 오롯이 이 법규에 녹아들어있다. 이 법의 취지는 이렇다.

"자연경관과 자연의 역사적 대상물들 및 그 안에서 살고 있는 야생 동식물들을 보존하고, 그럼으로써 그 동식물들이 즐거이 살 수 있도록 하며, 또한 그 대상물들이 훼손되지 않도록 하여 고스란히 미래 세대에게 물려주기 위한 것이다."

아메리칸 인디언

비전 퀘스트

Vision Quest

✪ 아메리칸 인디언 부족들에는 성년이 되기 위해 치르는 독특한 통과의례가 전해 내려오고 있다. "비전 퀘스트(Vision Quest)"라는 것으로, 우리말로 옮기면 "환각탐색 여행"이다. 이를테면, 수도승이 도를 닦기 위해 고난을 마다않는 구도고행(求道苦行)과 같은 것이다. "비전 퀘스트" 의식은 10대의 미성년자가 며칠을 밥을 굶고, 잠을 자지 않고, 자연 속 아주 외진 곳에서 홀로 자기 자신과 정신적인 대화를 나눈다. 방황은 보통 동물이나 초자연의 환영이 환한 빛 속에 떠오를 때까지 계속된다. 그때 이 고행자는 무아지경에 다다르고, 비로소 자신의 정신적 정체성을 깨닫게 된다. 그런 깨우침을 거쳐서 미성년자는 공식적으로 성년이 된다.

갓 성년이 된 젊은이는 환각에서 점지 받은 사람의 제자가 된다. 점지 받은 사람은 통상 그가 인생을 살아가는 데 도움이 될 만한 사람을 일컫는다. "비전 퀘스트"가 비록 원시적이고 샤머니

“비전 퀘스트” 이미지

즘적이긴 하지만, 아메리칸 인디언들은 이 통과의례를 거쳐 저마다 뚜렷한 삶의 목표와 철학을 지니게 된다. “비전 퀘스트”를 라코타 쑤 인디언의 말로는 “헴블레이치야(Hembleciya)”라고 하는데, ‘꿈을 좇아 울기’라는 뜻이다. 의식을 치르는 미성년자가 환각이나 성스런 꿈을 좇아, 육체적으로 동시에 정신적으로 울게 되기 때문이다.

오랜 세월 숲속에서 자연과 더불어 살아온 어느 인디언 부족의 토속 시에서도 아메리카 원주민들의 차원 높은 정신세계를 읽을 수 있다. 이 시엔 그 인디언 부족의 정신적 비전이 스며있다. 나무와 숲, 그리고 자연의 정령 속에 깃든 자연의 섭리나 보이지 않는 힘과 교감하지 않고서는 이 같은 철학이 우러나올 수 없다. 이 시에서 영감을 받은 뭇 명상가나 정신 수련자, 또는 힐링 전문가들이 이 시가 담고 있는 철학을 그들의 수련방법에 이용하고 있다.

「**길을 잃었을 때**(Lost)」

시: 아메리칸 인디언 부족

영역: 데이빗 왜고너

번역: 카나비

어느 아메리칸 인디언 어르신에게 물었다

"길을 잃었을 때는 어떻게 해야 하나요?"

그대로 서있어라.

네 앞에 있는 나무들, 네 옆에 있는 덤불은 길을 잃지 않았다.

네가 있는 곳이 어디든 '여기' 라고 할 것이고,

너는 그곳을 힘 있는 낯 선 사람으로 대해야 한다.

그곳을 알아도 되냐고 물어야만 알게 될 거다.

숲은 숨을 쉰다. 귀를 기울여라. 숲이 대답한다.

네가 서있는 곳을 내가 만들어놨지,

네가 거길 떠나더라도 '여기' 라고 말하며 다시 돌아올 거다, 아마도.

큰 까마귀에게는 두 나무가 똑같은 것이 없고,

굴뚝새에겐 두 나뭇가지가 똑같은 것이 없다.

나무나 덤불이 너에 대해 하는 일을 잃는다면,

그땐 네가 길을 잃을 것이 틀림없다. 그대로 서있어라.

숲은 네가 있는 곳을 알고 있다.

숲이 널 찾도록 내버려둬라.

✪ 아메리칸 인디언들은 오랜 세월 자연과 더불어 유목생활을 했기 때문에 땅과 물과 공기, 그리고 숲을 더할 나위 없이 소중하게 여겼다. 그리고 유머를 일상생활에 스스럼없이 쓰며 어려운 문제가 생기더라도 대화로 풀어가는 지혜와 여유도 지니고 있었

다. 그래서 아이가 태어나면, 그 아이가 "처음 웃는" 날 성대한 종교의식을 치루는 전통도 있었다. 그들은 "파우와우(Pow-Wow)"라고 하는 전통의식 축제를 열고, 우리 한민족처럼 춤과 노래를 즐긴다. 이 축제는 매년 '나바호 국가'의 수도인 윈도우락(Window Rock)에서 거행되는데 수많은 관광객들이 참여하여 성황을 이룬다.

1세기 전 크리(Cree) 인디언 부족에 미래를 내다보는 눈을 가진 한 현명한 노파가 있었다. "불의 눈"으로 불린 인디언 노파는 이렇게 예언했다.

"탐욕스런 백인들 때문에 지구는 황폐해지고, 오염되고, 숲은 파괴되고, 새들은 하늘에서 떨어지고, 물은 검게 되며, 물고기는 개울에서 독에 감염되고, 나무들은 사라지고, 인간은 거의 생존을 마감할 때가 다가오리라." /…/ "전설과 얘깃거리, 문화와 종교의식, 신화, 그리고 모든 고대부족의 관습을 지키는 사람들이 나타나, 우리를 건강하게 되살려주고 지구를 다시 초록으로 만들 것이다. 그들은 인류가 생존할 수 있도록 하는 열쇠가 될 것이다. 그들은 과거에서 온 '무지개 전사들(Warriors of the Rainbow)'이다. 그리고 모든 부족들과 모든 사람들이 정의와 평화, 그리고 '위대한 영혼', 즉 고대부족을 알아보는 새로운 세계를 여는 때가 오리라."

"무지개 전사들"에 대한 전설은 크리 족 말고도 호피, 쑤, 주니,

체로키 부족들 사이에서도 비슷한 내용으로 전해 내려오고 있다. 이 예언은 고대로부터 여러 세대에 걸쳐 입으로 전해 내려오는 그들의 역사였다. 비록 믿거나 말거나 한 얘기지만, "불의 눈" 예언자는 "무지개 전사들"이 도대체 언제 어디서 어떤 형태로 나타날 건지에 대해선 아무런 말이 없어서 궁금증을 자아낸다. 이런 전설은 윌리엄 윌로야와 빈슨 브라운이 공동으로 『무지개 전사들(1962년)』이란 책을 펴냄으로써 전 세계에 알려지게 됐다. 하지만, 브라운 자신이 그리스도교의 전도사였던 사실 때문에, 이 책을 펴낸 목적이 "무지개 전사들"을 예수 그리스도의 재림과 연결 지으려는 시도라는 비판이 따른다. 이 전설은 환경운동가들의 모임인 그린피스와 히피그룹, 그리고 성소수자들(LGBTI)에게 영감을 주기도 했다. 그린피스는 그들의 배에 "레인보우 워리어(Rainbow Warrior)"라는 이름을 붙이고, 히피그룹은 스스로를 "레인보우 패밀리(Rainbow Family)"라고 불렀다. LGBTI는 그들의 깃발을 무지개 색깔로 만들었다. "무지개 전사들"의 이름이 본디 뜻과는 달리 엉뚱한 데에 이용되고 있는 듯하다.

아메리칸 인디언

눈물의 길

The Trail of Tears

✪ 1831년~1838년 사이, 미시시피 강 동쪽에 살던 인디언 부족들은 자기네들이 살던 정든 고향에서 강제로 쫓겨나, 서쪽의 황무지인 오클라호마 미연방 땅으로 피눈물을 흘리며 걸어가야만 했던 일이 있었다. 이른바 "눈물의 길(the Trail of Tears)"로 불리는 사건이다. 이 사건을 주도적으로 추진했던 사람은 미국의 제7대 대통령 앤드루 잭슨이었다. 희생의 주된 대상인 체로키, 칙카소, 촉토, 크리크, 세미놀 같은 부족들은 일찍이 미시시피 강 동쪽 지방에 거주하면서 백인 이주민들에게 매우 협조적이었고, 그들과 쉽게 동화되어 문명화된 종족들이었다. 약 3,500km를 걸어가던 도중에 많은 인디언들이 길 위에서 희생됐다. 기아와 질병과 더불어, 무자비한 행진 때문에 1만5,000명 가운데 5,000여 명이 죽었다. 그래서 인디언들은 이 길을 "눈나 다울 춘이(조상들이 울고 갔던 길)"이라고 불렀다. "눈물의 길" 사건이 있은 지 30여 년 뒤,

「눈물의 길」, 로버트 린드뉙스(Robert Lindneux) 그림(1942년 작)

1864년~1866년엔 애리조나와 뉴멕시코 지역에 살던 나바호 인디언들에게도 비슷한 운명이 닥쳤다. 동부 애리조나와 서부 뉴멕시코 지역에 살고 있던 9,000여 나바호 인디언을 미군의 엄호 아래 50여 차례에 걸쳐 뉴멕시코 동쪽 끝 보스크 레돈도에 있는 썸너요새(Fort Sumner)로 강제 이주시킨 사건이다. 이 사건은 "나바호족의 머나먼 발걸음(the Long Walk of the Navajo: 1864~1866)"으로 불린다.

아메리카 대륙의 터줏대감이었던 아메리칸 인디언들은 수준 높은 정신세계를 지녔었다. 그들은 앞을 내다보는 예지력을 지녔고, 깊은 통찰력으로 사물을 깊이 있게 바라볼 줄 알았다. 토착 인디언들의 도움이 없었다면, 미국을 세운 "필그림의 아버지들"도 없었을 것이다. 미국정부는 이런 사실을 뒤늦게나마 깨닫게 된다. 이제는 미국정부에서도 그 악명 높은 인디언 강제이주 사건을 전쟁 포로들에게나 쓸법한 "죽음의 행진(Death March)"이라 부르며, 그들의 잘못을 공식적으로 시인하고 있다. 미국의 국립공원공단은 연방과 지방정부, 민간단체, 심지어 사유지 소유자들의 협조를 얻어 그 대장정의 발자국을 발굴하고, '눈물의 길 국가역사탐방 길(Trail of Tears National Historic Trail)'이라 이름 붙여 관리하고 있다. 병 주고 약 주는 셈이지만, 그래도 자신들이 저지른 악행에 대해 전혀 모른 체하거나 숨기려고 하는 다른 어떤 나라들보다는 미국은 더 인간다운 모습을 보이기도 한다.

✪ "크레이지호스(Crazy Horse)"는 가장 유명한 아메리카 인디언의 아이콘적 인물들 가운데 한 사람이다. 그의 인디언식 이름은 "짜슝케 윗코"로 '그의 말은 신들렸다.'라는 뜻이다. 그는 자기부족의 영토와 생활양식을 침해한 백인들과 싸우기 위해 미 연방정부에 반기를 들었고, 리틀빅혼 전투(1876년)에서 커스터 장군이 지휘하던 제7기병연대를 전멸시키고 승리했다. 그 공적으로 "크레이지호스"는 오글라라 라코타(Oglala Lakota) 족의 전쟁영웅으로 추앙받고 있다. 남북전쟁이 터지던 해에, 커스터(George "Autie" Custer: 1839~1876)는 웨스트포인트를 꼴등으로 졸업하고 참전하게 됐다. 하지만, 그는 북군 기병대를 이끌고 여러 전투에서 빛나는 전과를 올렸다. 그 공적을 인정받아, 23살 때 명예준장으로 진급하여 "미 기병대의 전설"이 됐다. 리틀빅혼 전투는 "커스터의 옥쇄(Custer's Last Stand)"로 미화되어 불리기도 한다.

"크레이지호스"는 1877년 크루크(Crook) 장군 휘하 미군에 투항했으나, 지금의 네브래스카 주에 있던 캠프 로빈슨에서 포로 학대에 저항하다가 치명적 상처를 입고 죽었다. 그의 부족은 1865년 그에게 "오글레 탕카 운(셔츠를 입은 자)", 즉 "전쟁 지도자"라는 호칭을 붙이고 그를 따랐다. 그를 기리는 13센트짜리 우표가 미국 우편국에서 발행되기도 했다. 사우스다코타 주에서는 '크레이지 호스 기념물'을 지나는 US-16의 일부와 US-385 도로에 '크레이지 호스 기념 하이웨이'라 이름 붙였다. 또 2010년 네브래스카 주에서도 채드론 시민들의 청원에 따라 US-20의 일부

도로에도 같은 이름을 붙였다.

라코타 족은 "크레이지호스(1840~1877)"를 기리기 위해 '크레이지호스 기념물'을 세우고 있다. 노스다코타 주 '마운트 러시모어'가 있는 블랙힐즈 지역에 산을 깎아 만들고 있는 이 기념물은 1948년 라코타 족 추장 헨리 스탠딩 베어(Henry Standing Bear)와 조각가 코르착 지올코우스키(Korczak Ziolkowski)에 의해 공동으로 시작됐다. 완성되면, 말을 탄 "크레이지호스" 추장의 모습이 폭 195미터 높이 172미터가 되는 세계 최대 조각물로 다시 태어난다. 이는 전설적인 "크레이지호스"의 투혼과 아메리카 원주민들의 문화·전통·생활 유산을 기리기 위한 것으로, 온 나라와 국민들 사이에 조화와 화해를 꾀하는 교육과 문화 프로그램을 제공하게 된다. 그들은 박물관을 세워 북아메리카의 인디언들의 토속품·미술공예품들을 보관, 전시하고, 북아메리카 인디언 대학을 세워 아메리카 원주민들의 교육, 문화, 의료교육 등을 지원하는 원대한 계획도 갖고 있다.

✪ 미국 애리조나 주 북쪽에 있는 그랜드캐니언에서 동북쪽으로 약 200km쯤 가면 모뉴먼트밸리 국립공원(The Monument Valley National Park)이 있다. 그 입구엔 '나바호 국가(The Navajo Nation)'라고 쓰인 간판이 서있다. 1868년 미 연방정부와의 협정에 의해 반자치적인 정부로 태어난 '나바호 국가'는 애리조나·유타·뉴멕시코 3개주에 걸쳐 그 일부를 조금씩 차지하고 있는 나바호 족 인

디언 자치구역이다. 나바호 족 인디언은 아파치(Apache), 코만치(Comanche), 모히칸(Mohican), 쑤(Sioux) 족들과 더불어 최후까지 미 연방정부에 저항했던 용맹스런 부족들 가운데 하나였다. 그랬던 그들이 "나바호 족의 머나먼 발걸음(1864~1866)" 사건 이후에 곧바로 지금의 영토로 다시 쫓겨났으니, 그들이 얼마나 피눈물 나고 고된 세월을 견뎌야만 했는지 알만하다.

마카·아파치·코만치·블랙푸트·체로키·포니·수 등 514개 인디언 부족들의 거주지역도 1778년~1883년 사이에 미연방정부와 인디언 부족들 사이에 맺어진 조약·법률·합의 등에 따라 똑같이 자치구역으로 지정됐다. 미국 안에는 4,000개 이상의 인디언 부족들이 있으나 미국정부에 등록된 종족 수는 514개뿐이다. 사실, 이들 아메리카 원주민들이 차지하고 있는 지역의 대부분은 워낙 척박한 땅이어서 별로 개발할 가치가 없는 곳들이다. 그러나 미 연방정부로부터 일정 수준의 사회적 보장을 받고 있기 때문에, 그들은 일을 하지 않아도 먹고 사는 데는 지장이 없다. 선조들의 용맹스럽던 상무정신은 빛바랜지 오래됐고, 할 일이 없어진 이들 인디언들은 활동부족과 마약의 유혹으로 성인병 인구가 부쩍 늘어나기까지 했다. 그래도 그들 자치구역 안에서만큼은 자기들 마음대로 사업도 벌이고 이권도 챙긴다. 다행히 요즘은 깨우친 인디언들이 자기 부족의 권익을 증진시키고 그들의 문화유산을 찾고 보존하는 일에 앞장서고 있다. 그들이 벌이는 대표적 활동으로는, 매년 열리는 "파우와우" 축제나, '크레이지호스 기념물' 사업, 그리고 '아메리칸 인디언 국회'를 구성하여 운영하는 일들이 있다.

'나바호 국가'의 국장

곳곳에 새겨진 인디언 이름들

✪ 미국에는 전국 어디를 가나 곳곳에 인디언의 이름과 말들이 새겨져 있다. 산·강·들, 마을·도시·주(State), 심지어 자동차·무기·군부대 등, 곳곳에 인디언의 흔적이 스며들어 있다. 미국의 50개 주 가운데 절반에 가까운 23개 주 이름이 인디언 말에서 비롯됐다. 예컨대, 앨라배마(Alabama)는 촉토 족의 말 "알리바무(Alibamu: 덤불 치우는 사람)"로부터, 코네티컷(Connecticut)은 "컨어터쿳(Quonehtacut: 굽이치는 긴 강이 있는 곳)"이라는 모히칸 족의 말에서 유래했다. 켄터키(Kentucky)는 이로쿼이 족의 말 "켄타케(Kenhta-ke: 초원)"에서, 미시간(Michigan)은 또 다른 인디언 말 "미시가미(Michigami: 큰 호수)"에서, 미시시피(Mississippi)는 오지브웨 족의 말 "미시지이비(Misi-ziibi: 거대한 강)"에서, 오클라호마(Oklahoma)는 "붉은 사람"을 뜻하는 촉토 족의 말에서 비롯됐다. 텍사스(Texas)는 캐도 인디언과 다른 인디언들이 사용했던 '친구들'을 뜻하는 "타이샤(taysha)" 등이

변형된 것이고, 유타(Utah)는 "산악지대의 사람들"을 뜻하는 우테(Ute) 족의 이름에서 나왔다.

미국 도시이름도 인디언의 말에서 비롯된 것들이 아주 많다. 시애틀(Seattle)은 쑤쿠아미 족 추장이름에서, 시카고는 포타와미 부족의 말 "시코고우(Checaugou: 들 양파)"에서, 오마하(Omaha)는 인디언 말 "우모은호은(U-Mo'n-Ho'n: 절벽에 사는 사람들)"에서, 투싼(Tucson)은 인디언 말 "축싼(Tsuk-son: 산의 검은 밑동)"이란 말에서 비롯됐다. 지프차 체로키(Cherokee)나 승용차 폰티액(Pontiac)은 인디언 부족의 이름이다.

✪ 주로 미국 중서부 지방에서 강추위가 오고 난 뒤, 하늘이 활짝 개고 섭씨 21도 이상의 더운 날씨를 보이는 10월 하순에서 11월 중순 사이의 기간을 "인디언 써머(Indian summer)"라고 부른다. 이런 궂은 날씨에 하필이면 왜 인디언이란 말을 갖다 붙였을까? 아마 유럽에서 온 이주민들의 눈에는 이제까지 자기들에게 익숙해진 것과는 다른 이상한 인종과 이상한 기후가 도무지 맘에 들지 않았던 모양이다. 비록 오래 전 일이긴 하지만, 아메리칸 인디언을 모티브로 한 미국의 서부활극 영화들이 우리나라 극장가를 휩쓸던 시절이 있었다. 한데, 이 서부활극 속 아메리칸 인디언들은 으레 문제를 일으키고, 포악하고, 잔인한 야만인으로 묘사됐다. 그리고 서부활극에서처럼, 실제로도 유럽에서 이민 온 백인들의 눈에는 그들은 사람이 아니라 짐승이나 다름없었다. 이것은 백인

들의 관점에서 자신들의 정당성을 보여주고, 당시 미 국민의 절대다수인 백인들의 인기를 끌기 위한 상업주의 정신에서 나온 발상이었다.

우리에게 잘 알려진 영화 〈늑대와 함께 춤을(Dances with Wolves)〉은 인디언 말 "쑨크마니투 탄카 옵 와치"를 영어로 번역한 것인데, 이 말은 영화 속 주인공의 인디언식 이름이기도 하다. 인디언식 이름 짓기는 생년월일에 따라 정해진 말을 조합하여 만드는 재미난 규칙에 따른다. 따라서 이름을 알면, 그 사람의 생일을 알 수 있게 된다. 이 규칙에 따르면, 영화의 주인공 '늑대와 함께 춤을'은 1월 1일에 태어났다. 여기서 그가 태어난 해는 생략됐다. 이 영화가 나오기 전까지만 해도 마지막 아파치 전사 마싸이를 그린 〈아파치(Apache: 1954년)〉 말고는 아메리칸 인디언들은 배척해야 할 악의 축으로 등장했었다. 이 같은 영화를 통해, 처음으로 그들 역시 선량한 사람, 함께 살아가야 할 같은 인류로 묘사돼 있다.

✪ 미 육군 헬리콥터엔, 아파치(Apache)·블랙호크(Black Hawk)·키오와(Kiowa)·라코타(Lakota)·코만치(Comanche)·치누크(Chinook) 같은 인디언 부족의 이름이 붙여져 있다. 그 이름들은 그냥 아무렇게나 붙여진 것이 아니라, 미 육군 규정에 따른 것이었다. 지금은 비록 그 규정이 폐기됐지만, 그 전통은 아직도 이어진다. 쌍발엔진의 관측항공기 "모호크(Mohawk)", 크루즈 유도탄 "토마호크

(Tomahawk)", 핵잠수함 "샤이엔(USS Cheyenne)"도 모두 인디언 부족의 이름이다. 인디언 이름을 사용하는 데엔 그만한 까닭이 있다. 그것은 백인들에게 깊게 심어진 인디언들에 대한 인상 때문이다. 깊은 신뢰감, 말과 행동에서 우러나오는 위엄, 그리고 죽음을 두려워하지 않는 감투정신 같은 인디언들의 특성이 모름지기 백인들의 머릿속에 깊게 새겨져 있었던 것이다. 항공기의 출고식 때엔 인디언 부족의 지도자들이 참석하여 부족의 축복을 내린다. 이때 부족 전통복장을 한 인디언 전사들이 인디언 북소리에 맞춰 전통춤을 추기도 한다.

역사를 거슬러 올라가면, 102명의 "필그림 아버지들"이 플리머스에 첫발을 내디뎠을 때부터, 아메리칸 인디언들은 백인들에게 많은 도움을 줬다. 프랑스-인디언 전쟁(1754~1763) 땐, 영국군은 이로쿼이, 카토바, 체로키 부족들과 동맹을 맺고, 프랑스 군은 와바나키, 아베나키, 알곤킨, 레나피, 오지브와, 오타와, 쇼니, 위언도트 부족들과 동맹을 맺어 전쟁을 치렀다. 아메리칸 인디언들이 영국과 프랑스를 대신해서 치른 대리전쟁이나 마찬가지였다. 이 전쟁은 뉴 프랑스(지금의 캐나다 동부지역), 뉴욕, 버지니아, 그리고 펜실베이니아 같은 아메리카의 동부지역에서 벌어졌다. 이 전쟁의 결과, 미국은 프랑스의 식민지 땅을 대부분 차지하게 됐다. 하지만, 그들은 미국이 독립을 선언하자, 미국의 팽창이 두려운 나머지 대부분 영국군 편에 섰다. 그 뒤, 148년 동안 인디언 전쟁을 치르는 동안 내내 서로 등지고 싸웠다. 그럼에도, 그들은 이젠 미군과 함께 나라를 위해 봉사하고 있다. 남북전쟁 당시 율리시스 그랜트 장군의 전속부관이던 엘리 파커는 아메리카 원주민으로서 나중에 장군으로 진급되기도 했다. 지금까지 영웅적인 행위로 미군 최고무공훈장인 명예훈장을 받은 아메리카 원주민은 25명이나 된다.

"제로니모(Geronimo)!"

세계최강 "그린베레(Green Beret)" 미 공수부대원들이 하늘에서 낙하산 점프를 할 때, 두려움을 이겨내기 위해 외치는 구호다. "그린베레"의 구호가 된 제로니모는 백인들에게 최후까지 저항했던 용맹스런 아파치 족 추장의 이름이었다. 군율이 서지 않은 오합지졸처럼, 어머니나 애인이름 등을 제멋대로 외쳐대는 우리나라의 공수특전대원들의 경우와는 사뭇 대조적이다. 이처럼, 인디언의 말이나 이름들이 미국사회의 구석구석에 뿌리 깊이 박혀있다는 건 무엇을 뜻하는 것일까? 겉으론 백인들이 인디언들을 업신여기는 것처럼 보여도, 속으론 그들을 두려워하고 존경하는 마음이 담겨있는 것이다. 티 없이 순수하고 고귀한 인디언들의 영혼은 오로지 장사꾼 습성만을 지니고 실용주의만을 좇는 타락한 백인들로서는 결코 깔볼 수 없는 존재일 수밖에 없다.

다시 태어난 로마 제국

동쪽 정면에서 본 미 의회 의사당 '미국 캐피톨(U.S. Capitol)'.
가운데와 양쪽 윙에 고대 로마제국 때의 판테온 모습의 건물이 보인다.

- 베르길리우스의 꿈
- 아이네이드(Aeneid)
- 에퀴테스(Equites)
- 노블레스 오블리주
- 마이케나스(Maecenas)
- 시와 힘의 황금시대
- 판테온(Pantheon)

시나 음악은 때론 시대정신(Zeitgeist)을 반영하기도 한다. 미국의 "위대한 시인철학자" 프로스트의 작품 가운데 그런 시가 몇 편 있다. 「택하지 않았던 길(The Road Not Taken)」이 읊은 대로, 미국은 발길이 뜸한 길을 택했었다. 그리고 미지의 신대륙에서 그들의 운명을 스스로 개척해서 새로운 세상을 일궜다. 그것은 「빚지지 않은 선물(The Gift Outright)」이었다. 하지만, 아직 얘깃거리도 없고, 문화도 없고, 미개척인 땅이라고 역설적으로 호소한다. 드보르자크의 「신세계 교향곡」의 선율은 미국사회 구석구석을 굽이쳐 흐른다. 청교도들이 일군 신세계의 놀라운 광경, 보헤미아의 민속음악, 아메리칸 인디언의 가락과 율동, 아프리카 흑인영가 등이 절묘하게 어우러져 있다. 서부개척시대의 "아메리칸 드림"은 이제 "능력에 따른 출세"로 진화했고, 기회균등, 공정한 경쟁과 정의가 그 버팀목 몫을 한다. 바로 "아메리카니즘"이다.

케네디 대통령을 위해 지은 「헌정시(Dedication)」는 베르길리우스의 서사시 「아이네이드」에서 영감을 받았다. 로마의 신화와 역사, 예언이 되살아나 숨 쉬고, 고대 로마와 미국이 겹치는 환상이 그려져 있다. 미국의 건국 과정은 고대 로마를 닮았고, "공화주의"가 시의 행간에서 꿈틀거리고, 로마제국과 마찬가지로 미국도 "시대를 이끄는 새로운 질서(*novus ordo seclorum*)"로 그려졌다. 모든 인류의 꿈인 생명, 자유, 평등, 행복추구권 같은 인류의 보편적 가치를 품은 "공화주의"를 그들의 「독립선언문」에 담았다. "미국식 공화주의"가 낳은 시민의, 시민에 의한, 시민을 위한 정부는 모든 서구 선진국들의 롤 모델이 됐다.

다시 태어난 로마 제국

베르길리우스의 꿈

✪ 수정된 역사가 조금이라도 없는 문명은 없다. 서양문명의 뿌리인 고대 로마의 역사도 마찬가지다. 로마제국의 초대황제 아우구스투스 시대 때의 시인 베르길리우스(Publius Vergilius Maro: BC70~BC19)는 백일몽을 꾸곤 했다. 그의 머릿속은 항상 원대한 비전으로 가득했다. 로마 시민과 이탈리아 사람들을 하나로 묶고, 로마 시민들의 충성심과 애국심을 북돋우고, 아우구스투스 황제를 찬양하고, 로마 시민들에게 평화에 대한 비전을 내보이고, 로마를 영광스럽게 만드는 것이 그의 꿈이었다. 그 꿈을 노래한 것이 바로 장편 서사시 「아이네이드(*Aeneid*)」였다. 라틴어 "아이네이드"는 "아이네아스의 이야기"를 뜻했다. BC1세기, 베르길리우스는 그 당시 세상에 떠돌아다니는 아이네아스(Aeneas)에 대한 얘기를 모으고 골라, 로마에 얽힌 서사시적인 건국신화로 꾸며냈다.

아이네아스는 고대 그리스의 대표적인 시인 호메로스의 장편 서사시 「일리아스(*Ilias*)」에 나오는 주인공들 가운데 한 사람으로, 그리스-로마의 신화와 전설에선 이미 알려져 있는 영웅이었다. 베르길리우스는 아이네아스의 방황에서 끊어진 「일리아스」의 얘기를 이어갔다. 아이네아스를 로마의 건국과 어렴풋하게 연관시키고, 피에타스(*pietas*)의 아이콘으로 만들어 저명인사로 치장했다. 그러곤, 로마를 고대 트로이에 얽힌 전설과 연결 짓고, 별 볼 일 없는 로마인들의 덕목들을 영광스럽게 만들고, 로마의 황제들을 과거의 영웅과 신들의 후손으로 꾸며대 그들의 법통을 잇게 했다. 결국, 로마의 건국신화와 로마제국의 법통은 베르길리우스의 상상력과 몽상(daydream)이 만들어낸 걸작이었던 셈이다.

베르길리우스는 「아이네이드」를 짓는 데 그 당시를 풍미하던 작문의 여러 모델을 이용했다. 고전 서사시의 대가 호메로스의 그림자는 시의 전편에 걸쳐 나타난다. 로마공화정 때의 "로마의 시의 아버지" 엔니우스(Quintus Ennius)와 아폴로니오스 로디오스 같은 고대 그리스의 시인들이 즐겨 썼던 모델도 이용했다. 베르길리우스의 「아아네이드」는 호메로스의 「일리아스」와 「오디세이아」의 내용과 형식을 따랐다. 처음 여섯 권은 「오디세이아」를, 뒤 여섯 권은 「일리아스」를 본떴다. 「아이네이드」에 쓰인 시의 형식은 강약약 격 육보운율(dactylic hexameter)로, 그 당시 서사시의 전형이나 다름없었다. 그래서 "영웅의 육보운율" 또는 "사사시의 운율"로도 불린다. 「일리아스」는 "일리온의 노래"를 뜻했는데, "일리온(*Ilion*)" 또는 "일리움(*Ilium*)"은 "트로이"의 그리스어 이름이었다.

✪ 장편 서사시 「아이네이드」는 훗날 로마인들의 선조가 된 트로이의 왕자 아이네아스가 트로이에서 이탈리아 반도까지 항해하면서 겪은 파란만장한 모험담과 반도에 도착하여 토착민을 물리치고 정착하기까지 펼친 전설적인 무용담을 읊었다. 이 서사시는 9,896행으로 이뤄졌다. 총 12권의 책 가운데 앞 여섯 권은 아이네아스가 트로이로부터 이탈리아까지 오는 과정에서 구도승처럼 방황하면서 겪은 어드벤처가 실려 있고, 뒤 여섯 권은 트로이 유민들이 마침내 라틴 사람들과의 전쟁에서 승리하고, 아이네아스와 그를 따르는 트로이 난민들이 라틴(Latin)의 이름 밑에서 이탈리아 사람들과 서로 어우러지게 되는 얘기를 노래했다. "신들의 여왕" 유노(Juno)는 시의 전편에 걸쳐 내내 아이네아스의 반대편에 서서 이탈리아 반도에 새로운 왕국을 세우려는 그의 임무를 방해하는 역할을 맡았다.

애초에 로마는 사방이 적들로 둘러싸인 아주 조그마한 정착지였다. 그래서 살아남고 존속하기 위해서는 강한 의지와 규율이 선 시민이 필요했다. 로마 시민으로선, 국가의 이익을 지키는 일이 첫째 임무이고, 개개인의 이익은 그 뒤였다. 베르길리우스가 이 시를 쓸 무렵, 이탈리아 사람들은 거의 대부분 로마 시민이 됐지만, 그들의 마음속까지 하나가 된 것은 아니었다. 그래서 베르

진정한 피에타스를 보여주는 아이네아스의 테라코타(1세기), 그는 늙은 아버지를 짊어지고 어린 아들을 이끌고 있다.

길리우스는 이탈리아 반도의 토박이 에트루리아 및 아르카디아(팔란티움)가 트로이 난민들과 동맹을 맺고 함께 싸웠던 사실을 끌어들여, 이탈리아 사람들의 마음을 사려고 했다.

「아이네이드」는 꿈과 환상, 그리고 신화와 오멘(*omen*)이 뒤섞여 숱한 예언들을 쏟아낸다. 그때의 사람들은 자연에서 일어나는 현상인 오멘을 보고 신들이 전하는 메시지라고 믿었다. 이를테면, 일식이나 월식, 살별이나 별똥별, 비정상적인 동물이나 인간의 탄생, 희생양이 제단으로 끌려가면서 보이는 행동을 보고 운명을 점쳤다. 고대 로마 시대 때의 아우구르(augur: 수도승)는 새들의 비행을 보고 신들의 의지를 풀이하기도 했다. 그땐, 번개나 천둥은 제우스의 메시지로 읽혔다. 때론 죽은 사람이나 그들이 믿는 신들이 꿈속에 나타나 직접 그들의 운명을 점지해주기도 했다. 피에타스(*Pietas*)는 고대 로마에서 여러 신들에 대한 독실한 신앙, 국가에 대한 충성, 친인척에 대한 애정, 특히 부모에 대한 효심 등을 인격화한 여신이었다. 로마인들의 조상 아이네아스가 몸소 보여준 피에타스는 고대 로마인들의 독특한 미덕이 됐다. 「아이네이드」의 전편에 걸쳐 내내 "피우스(*pius*: 독실한)"라는 형용사가 아이네아스를 장식했던 것도 그 때문이었다.

다시 태어난 로마 제국

아이네이드

Aeneid

✪ 베르길리우스의 서사시 「아이네이드」는 트로이의 난민 함대가 이탈리아를 향해 항해하는 것으로 시작된다. 트로이의 왕자 아이네사스가 이끄는 난민들의 무리는 새로운 정착지를 찾아 헤스페리아로 떠난다. 이 항해의 안내는 예언자 헬레누스가 맡았다. 헤스페리아Hesperia)는 "서쪽의 땅" 또는 "저녁의 땅"을 뜻했던 고대 그리스어로, 이탈리아의 옛 이름이기도 했다. 트로이가 그리스와의 마지막 전투에서 무너지고 있는 사이, 아이네아스는 간신히 토로이를 빠져나왔다. 아이네아스가 트로이를 탈출하여 망명의 길을 택하게 된 데엔, 죽은 형 헥토르(Hector)의 유령과 행방불명이 된 아내의 환영이 한몫했다. 트로이가 함락되기 전날 밤, 헥토르의 유령이 아이네아스 앞에 나타나 알 듯 말 듯 한 말로, 그가 해외로 가서 도시를 건설할 것이라고 귀띔해준다. 며칠 뒤엔, 그의 아내 크레우사(Creusa)의 환영이 나타나, "저녁의 땅"

헤스페리아에 정착하여 왕이 되고 새로운 아내를 얻게 될 것이라 말하고 사라진다.

한편, “신들의 여왕” 유노(Juno)는 트로이 난민들이 로마를 세워 카르타고를 멸망시킬 것이라는 예언을 몰래 엿들었다. 그렇잖아도 신들 사이에서 따돌림 받던 유노는 다른 신들과는 달리 카르타고를 좋아하고 있었다. 그래서 유노는 토로이 난민들이 이탈리아에 가서 로마를 세우려는 것을 막으려고 “바람의 왕” 아이올루스(Aeolus)에게 부탁하여 폭풍우를 일으켰다. 그 폭풍우로 아이네아스 일행이 탄 배들이 파괴됐다. 유노가 아이네아스와 트로이 난민들을 거칠게 다루는 데 화가 난 “미의 여신” 베누스(Venus)가 아버지 “하늘-우레의 신” 유피테르(Jupiter)에게 항의하자, 유피테르는 난민으로 떠돌아다니는 트로이의 조그마한 무리가 거대한 제국을 이루리라고 예언하며 그녀를 달랜다. 아이네아스는 베누스와 안키세스(Anchises) 사이에서 태어난 아들이었다. 트로이의 난민 무리가 방황하는 모습을 그린 제3권은 예언들도 가득하다. 이 예언들은 아이네아스에게 입에 쓴 약 같이 고통스러운 지시사항을 줌으로써, 그가 내내 실패하지 않게 해준다.

✪ 아이네아스 일행은 유노가 일으킨 폭풍우에 떠밀려 북아프리카의 카르타고 해안에 닿는다. 그들이 그곳에서 쉬고 있을 때, 올림포스 산에서 지상을 내려다보던 베누스는 지중해를 방황하고 있는 아들 아이네아스와 그 일행의 앞날이 무척 걱정스러웠다.

딸 베누스의 성화에 못 이겨, 유피테르는 앞으로 아이네아스 일행에게 닥칠 일들을 일러주며 딸을 달랜다. 유피테르가 딸 베누스에게 일러준 예언의 요지는 이렇다.

아이네아스는 이탈리아에 도착하자마자 전쟁에 휩쓸리게 된다. 그곳에서 토박이 루툴리(Rutuli) 부족과의 전쟁을 승리로 이끈 뒤, 그는 라티움(Latium) 땅에 라비니움(Lavinium)을 건설하여 그곳에서 3년을 다스린다. 그 뒤, 그의 아들 아스카니우스(Ascanius)가 뒤를 이어 30년을 다스리면서 알바 롱가로 옮겨갈 것이다. 아스카니우스는 이름을 율루스(Iulus)로 바꾸는데, 훗날 율리우스(Julius) 가문의 시조가 된다. 그들의 후손은 그 뒤로 300여 년 동안 왕으로 군림한다. 왕가의 핏줄인 여사제 율리아와 "전쟁의 신" 마르스(Mars) 사이에서 쌍둥이 아들이 태어나고, 암컷이리가 그들을 기른다. 쌍둥이 가운데 로물루스(Romulus)는 도시를 건설하여 자신의 이름을 따라 로마(Roma)라고 부른다. 로마는 훗날 거대한 제국의 수도가 된다. 트로이 난민의 후손인 율리우스 카이사르는 아우구스투스(Augustus)라는 아들을 갖게 된다. 아우구스투스는 막강해져서 동쪽을 정벌하고 신으로 추앙받는다. 로마는 호전적인 나라가 아니라, 평화롭고 번창한 제국이 된다.

카르타고에 머무는 동안, 아이네아스는 운명적으로 카르타고의 여왕 디도(Dido)를 만난다. 아프리카 북부 해안에 위치한 카르

「카피톨리나의 이리」, 로물루스와 레무스 쌍둥이 형제가 암컷이리의 젖을 빨고 있다.
민속학자들은 암컷이리를 BC5세기 때의 에트루리아인으로 풀이한다.
바티칸 박물관 소장.

타고는 디도 여왕이 세운 페니키아의 식민지왕국이었다. 디도는 페니키아의 티레(Tyre) 왕국의 공주였다. 그녀는 왕이 된 오빠 피그말리온(Pygmalion)이 재력가였던 남편을 암살하고 재산을 빼앗으려하자 티레를 몰래 도망쳐 나왔었다. 그리스 신화에선, 피그말리온은 전설적인 키프로스의 왕이자 조각가로 나온다. 오비디우스(Publius Ovidius Naso)가 쓴 고대 로마의 신화와 전설 집 『메타모르포세스(Metamorphoses)』에선 자신이 빚은 여인 조각상과 사랑에 빠진 조각가로도 나온다. 디도는 때론 엘리싸(Elissa)로도, 게르만 족 사이에선 엘리제로도 알려져 있다. 어쨌든, 아이네아스는 트로이의 멸망과 그가 난민이 된 얘기를 디도에게 들려준다.

잔꾀가 많은 오디세우스(Odysseus: 로마의 율리시스)가 목마를 고안해냈는데, 그리스 군은 그 목마를 마치 신께 바치는 제물인 양 속임수를 썼다. 그리스 군의 음모를 알아차린 트로이의 사제 라오코언(Laocoön)은 그 목마를 불태워야 한다고 주장하고, 창을 목마를 향해 내던졌다. 그러자, 바다에서 거대한 뱀이 올라와 라오코언과 그 아들을 집어삼켜 버렸다. 그것을 본 트로이 군은 목마를 신성한 제물로 여기고 성 안으로 끌고 들어갔다. 한밤중에 목마 속에 숨어있던 그리스 군이 성문을 열자 성 밖에서 기다리고 있던 그리스 군이 홍수처럼 쳐들어왔다. 트로이는 그렇게 함락되고 말았다.

"사랑의 신" 쿠피도(Cupido)의 꾐으로, 아이네아스와 디도는 곧

「라오코언과 그의 아들들」, BC200년께 그리스에서 만든 원형을 본뜬 것으로, 트라야누스 황제의 공중목욕탕에서 발굴됐다.

이룰 수 없는 사랑에 빠진다. 아이네아스가 이탈리아에서 수행해야 할 임무를 잊어버릴 위험에 빠지자, "신들의 왕" 유피테르는 "상업-여행-통신의 신" 메르쿠리우스(Mercurius)를 메신저로 보내 그의 임무를 일깨워준다. 자신의 소명을 깨달은 아이네아스는 카르타고를 미련 없이 떠나버리고, 이를 뒤늦게 안 디도는 비탄에 빠져 자살하고 만다. 그녀는 죽기 전, 로마와 카르타고 사이에 영원한 증오를 선언했다. 훗날 세 차례에 걸쳐 100년 넘게 펼쳐지게 될 포에니 전쟁의 음산한 그림자가 넘실거리는 지중해 물결 위에 스멀거렸다.

✪ 아이네아스는 쿠마이(Cumae)에 있는 아폴로 신전에서 700살이 넘는 노파 예언자 시빌(Sibyl)을 만난다. 그 노파 예언자는 돌아가신 아버지의 그림자를 뵐 수 있게 지하세계로 안내해 달라는 아이네아스의 간청을 받아들이고 그의 여행을 호위해준다. 지하세계로 들어가기 전, 아이네아스는 여사제 시빌의 충고에 따라 그녀가 사는 동굴 근처에서 황금가지를 얻는다. 그는 지하세계에서 아버지 안키세스의 유령과 대화하고, 훗날 태어나게 될 위대한 로마인들의 영혼을 본다. 아직 태어나기를 기다리는 한 무리의 영혼들은 로물루스, 카밀루스, 카이사르로 이어진 아이네아스의 후손들로, 훗날 로마제국에서 살게 될 사람들이었다. 노파 예언자 시빌과 아버지 안키세스의 혼령은 아이네아스에게 긴 예언들을 들려준다. 시빌은 아이네아스에게 곧 닥쳐올 운명과 이탈리

아에서 치르게 될 전쟁에 대해서 말해주고, 안키세스는 그의 후손들이 만들어낼 역사를 예언한다.

아이네아스 일행은 천신만고 끝에 마침내 헤스페리아의 땅 라비니움(Lavinium)에 다다랐다. 그들의 길고 험난했던 어드벤처는 여기서 그 막을 내리고, 이웃 라티움(Latium)의 왕 라티누스(Latinus)로부터 환영을 받는다. 라티누스는 트로이 유민과 라틴 사람들 사이에 평화를 다짐하며 그의 딸 라비니아(Lavinia)와의 결혼을 약속한다. 이 같은 라티누스의 약속은 돌아가신 선왕의 꿈의 신탁, "오네이로만테이아(*Oneiromanteia*)"를 따른 것이었다. "오네이로만테이아"는 이 땅에 이방인들이 오고, 라비니아는 그 이방인과 결혼하게 될 것을 점지했다. 하지만, 라티누스의 부인 아마타와 라비니아와 결혼하기를 희망하던 루툴리(Rutuli)의 왕 투르누스(Turnus)를 비롯해서 다른 이탈리아 사람들은 이 결혼에 분노한다. 곧이어 트로이 난민과 이탈리아 사람들 사이에 전쟁이 벌어진다. "티베르 강의 신" 티베리누스의 계시에 따라, 전쟁 중에 아이네아스는 또 다른 토박이 팔란티움(Pallantium: 아르카디아)의 왕 에반데르를 만난다. 그의 도시는 훗날 로마가 들어설 자리에 있었다. 에반데르는 그의 시민과 트로이 난민이 동맹을 맺는 데 합의하고, 전쟁터에 그의 아들 팔라스(Pallas)를 아이네아스에 딸려 보내 첫 전투를 치르게 한다.

이탈리아에서의 전쟁은 절정으로 치닫고, 팔란티움의 왕자 팔라스는 투르누스에게 잔인하게 살해된다. 아이네아스는 잠정적인 휴전에 합의했으나, “신들의 여왕” 유노는 이 휴전이 깨지도록 훼방 놓았다. 유피테르는 유노에게 트로이 난민들에 대한 증오를 거둬들이고 로마인들의 운명을 받아들이라고 설득했다. 마침내 유노는 투르누스에 대한 그녀의 보호막을 거둬들인다. 투르누스와 아이네아스는 전장에서 다시 만나 결투를 벌인다. 아이네아스가 투르누스에게 큰 상처를 입히자, 투르누스는 자비를 구걸한다. 그를 살려주려고 하는 순간, 아이네아스는 투르누스가 팔라스의 허리띠를 매고 있는 것을 본다. 투르누스의 잔인함에 분노가 폭발하여, 그는 투르누스를 죽이고 만다.

에퀴테스

Equites

✪ '기사도(騎士道)' 하면, 먼저 영국 아서 왕의 전설 속에 나오는 "원탁의 기사"가 떠오른다. 아서 왕에 대한 충성심과 동료들 사이의 우정, 그리고 기니비어 왕비와 기사 랜슬롯 경 사이에 얽힌 로맨스는 21세기를 사는 젊은이들의 마음까지 사로잡는다. "원탁의 기사들"이 아서 왕에게 '기사도(a Code of Chivalry)'를 선서하는 것도 매우 인상적이다. 이 얘기는 본디 12세기말의 프랑스 시인 크레티엥 드 트루아(Chrétien de Troyes)가 아서 왕에 얽힌 전설을 노래한 다섯 편의 시에 나온다. 그 다섯 편의 시는 이야기체로 쓰인 아서 왕 때의 로맨스 기사문학이다. 그래서 크레티엥에겐 "현대소설의 발명가"라는 수식어가 따른다. 그는 고대 로마의 신화와 전설 집 『메타모르포세스』로 유명한 오비디우스 같은 고전적 시인과 『신곡(Divina Commedia)』을 지은 중세 때의 단테(Dante Alighieri)와 『켄터베리 이야기(The Canterbury Tales)』의 저자 초서

(Geoffrey Chaucer)를 연결하는 결정적 역할을 했다. 이같이 로맨스가 깃든 기사문학은 12세기~15세기 한창 때의 중세를 풍미한 상류사회의 하이컬처(high culture) 문학 장르였다. 그땐, "방랑기사들(knight-errants)"이 겪은 경이로 가득한 어드벤처나 영웅담을 담은 판타지 이야기들이 넘쳐났다.

『코덱스 마네쎄(Codex Manesse)』는 그때 유행했던 발라드와 풍자시들을 엮은 노래집이다. 『위대한 하이델베르크의 노래집(Große Heidelberger Liederhandschrift)』으로도 알려져 있는 이 노래집은 1300년~1340년 사이에 추리히에서 제작된 것으로, 원고엔 100명의 시인들이 쓴 6000 편의 시가 실려 있었다. 1516년~1536년 사이에 이탈리아의 시인 루도비코 아리오스토가 지은 장편 서사시 「올란도 푸리오소(*Orlando Furioso*)」도 있다. 올란도는 롤랑의 이탈리아 식 이름이고, 시의 제목은 "미쳐 날뛰는 올란도"로 풀이된다. 중세가 끝나고 르네상스시대(14세기~17세기)가 펼쳐지면서, 유럽의 기사들은 몰락의 길을 걸었고, 로맨틱한 기사들의 얘기도 시들해졌다. 하지만, '기사도'만은 그대로 살아있었다. 세르반테스가 지은 풍자소설 『돈키호테』는 중세의 '기사도'에 심취한 주인공 돈키호테 데 라만차가 전통 '기사도'에 집착하는 고집스러운 모습을 익살스럽게 그려냈다.

✪ '기사도'는 저 유명한 「롤랑의 노래(La Chanson de Roland)」라는 서사시집에 실려 있다. 1098년~1100년 사이에 지어진 「롤랑의

『코덱스 마네쎄』에 나오는 콘라트 폰 림푸르크 기사, 그의 부인이 갑옷을 입혀주고 있다.

노래」는 8세기 암흑시대의 기사들과 샤를마뉴 대왕이 치렀던 전투들을 노래했다. 롤랑 백작은 샤를마뉴 대왕의 조카로서, 샤를마뉴 궁정의 가장 충성스러운 열두 신하들, 즉 "팔라뎅(paladins)" 가운데 한 사람이었다. 그가 만들어낸 '행동코드(a code of conduct)'는 곧 '기사도'가 됐다. 샤를마뉴의 충신들을 일컫는 "팔라뎅"이란 말은 로마 황제의 가장 가까운 신하들에게 붙여진 호칭 "팔라티누스(*palatinus*)"에서 비롯됐다. 「롤랑의 노래」엔 롤랑이 지니고 다니던 칼, 뒤랑달(Durendal)이 나오는데, 마법사 말라기기가 롤랑에게 준 것이었다. 「올란도 푸리오소」는 트로이의 영웅 헥토르가 이 칼의 원래 주인공이었다고 읊었다.

'기사도'는 샤를마뉴 대왕 때 갑자기 생겨난 것이 아니었다. 오랜 세월 로마제국과 서로 밀고 밀리는 전쟁을 치르면서, 게르만족은 로마의 전통과 문화에 점점 길들여졌다. 로마제국의 국교이던 그리스도교를 게르만족이 그대로 받아들인 것이 대표적인 예다. 그렇게 굳어진 게르만족의 오랜 관습을 롤랑 백작이 정리하여 명문화한 것이 '기사도'였다. 샤를마뉴는 본디 게르만족 프랑키아의 왕이었으나, 중세 서유럽 대부분을 통일하여 현대의 프랑스, 독일, 그리고 네덜란드와 벨기에의 기반을 닦았다. 그래서 그는 "유럽의 아버지(*Pater Europae*)"로 불린다. 800년엔 로마교황으로부터 황제의 왕관을 받아, 그가 이룬 제국은 훗날 신성로마제국으로 불리게 됐다

✪ 중세 때 프랑스어 "슈발리에(chevalier)"는 기사(knight)를 뜻했다. 이 말은 '말 탄 사람', 즉 기병(騎兵)을 뜻하는 라틴어 "카발라리우스(*caballarius*)"에서 나왔다. 말(馬)을 뜻했던 라틴어 "카발루스(*caballus*)"에서 "카발라리우스"라는 말이 생겨났다. 기사들은 용감하고, 임무에 충실하고, 약자에게 친절해야 하는 '행동 코드'를 따라야만 했다. 이러한 자질을 뜻했던 프랑스어가 "슈발르리(chevalerie)"였다. 이 말에서 기사도(騎士道)를 뜻하는 영어 "시발리(chivalry)"가 생겨났다.

라틴어 "카발라리우스"가 귀띔해주듯, '기사도'의 뿌리는 고대 로마였다. 애초에 로마왕국을 세운 로물루스는 세 부족에서 각각 100명씩을 뽑아 300명의 기사단 "켈레레스(*Celeres*)"를 창설하여 자신의 호위무사로 삼았다. 그들에겐 국가에서 군용 말과 사료를 살 수 있는 돈 "에쿠스 푸블리쿠스(*Equus publicus*)"가 지급됐다. 기사계층 에퀴테스(*Equites*)는 이렇게 태어났고, 그들은 고대 로마에서 원로원을 구성하는 최상위 귀족계층 "파트리키우스(*Patricius*)" 바로 다음의 지위를 누렸다. 기사계층을 뜻했던 "에퀴테스(Equites)"는 군마(軍馬)의 라틴어 "에쿠스"에서 비롯됐고, 에퀴테스 계층의 개개인은 "에퀘스(*eques*)"로 불렸다. 로마왕국과 로마공화정의 1세기까지는 로마군단 기병들은 오롯이 최상위귀족 계층 "파트리키우스"에서만 뽑았다. 로마군단의 기병이 되면서부터, 기병의 수가 부쩍 불어났다. 기병의 수요가 더욱 늘어남에 따라, 제2포에니 전쟁(BC218~BC202) 때까지는 부유한 제1평민계층 모두가 기병으로 뽑혔다. 그들의 신분은 세습됐다. 원수체제의 로마제국의 4세기엔, 원로원 계층과 기사계층은 동급이 됐다.

제2포에니 전쟁 때 발행된 로마의 동전, (앞면) "전쟁의 신" 마르스, (뒷면) 로마공화정 때의 기병 모습.
말갈기의 헬멧, 긴 창(하스타), 둥근 방패(파르마 에퀘스트리스), 망토를 걸치고 있다.

초기 왕정시대와 공화정시대를 통틀어, 기사(에퀴테스)계층에겐 로마의 기병이 되는 것이 개인적으로도 영웅이 되고 영광이라는 기풍이 널리 깔려 있었다. 이러한 기풍은 보병 계급을 공급하는 낮은 계층에 대해 특권적 지위를 누리고, 가문의 이름을 드높이고, 군 사회에서 승진의 기회를 키우려는 욕망에서 비롯됐다. 에퀴테스로서 영웅적 기풍을 세우는 길은 적을 찾아 탐색모험에 나서, 적과 조우하면 단 둘이 겨뤄 그를 죽이고 그로부터 무장과 무기의 전리품을 챙기는 것이었다.

✪ 샤를마뉴 대왕의 기병들은 이상적인 기병이 되기 위해, 전투 때 용감하고, 스스로 수련을 게을리 하지 않고, 남을 위해 봉사하는 '기사의 행동코드'를 따라야만 했다. 그때부터 그 코드는 "샤를마뉴의 기사도"로 불렸다. 중세초기 무사계급엔, 귀족사회의 관습인 "하비투스(habitus)"와 더불어, 전투훈련이나 군사적 덕목이 그들의 이상이었다. "하비투스"는 충성, 관용, "라르제스(largesse)", 즉 자선, 명예, 다윗 식 도덕률 같은 귀족사회의 관습을 일컬었다. 프랑스어로는 '고상하고 용감한 사람'을 뜻하는 "프뤼돔(preudomme)"으로도 불렸다. 전투 중에 방어능력이 없는 상대방을 공격하지 않는 등의 전쟁 법칙을 따르는 것도 '기사도 코드'에 포함된 규정이었다. 이처럼, '기사도'에 들어있는 덕목들은 중세 작가들이 지은 시, 발라드, 그리고 문학작품들을 통해서 세상에 알려지게 됐다. 방랑 음유시인들은 이런 발라드와 시를 세상에 퍼뜨리고 다녔다.

거의 2세기에 걸친 길고도 지루한 십자군전쟁을 치른 뒤, '기사도'에도 변화가 생겼다. 성지 이스라엘 땅에서 싸웠던 역사 속의 기사들은 이상화되고, 궁중 귀부인에 대한 변함없는 사랑은 기사들의 꿈이 됐다. 그렇게, 기사는 항상 완전무결하고, 항상 존경스러우며, 항상 교회와 군주에겐 충성스럽고, 그리고 귀부인을 대할 땐 항상 더할 수 없는 정중함이 우러나오는 존재로 탈바꿈했다. 이처럼 용기와 명예와 봉사의 덕목이 강조된 '기사도'는 한마디로 '기사의 명예코드'였다. 역사학자 요한 하위징아는 그의 저서 『중세의 쇠락(The Waning of the Middle Ages)』에서 '기사도'의 개념을 이렇게 정리했다.

"기사도는 아름다움을 갈망하는 자존심에서 비롯됐고, 자존심은 명예에 대한 신념으로 굳어졌다. 명예야말로 고귀한 삶의 버팀목이었다."

중세말기의 '기사도 코드'는 교전규칙을 넘어선 도덕체계였으며, 동시에 기사로서의 의무감, 기사다운 기품, 품위 있는 예의범절, 명예와 고결함, 여성에 목숨 거는 용맹과 같은, 중세 기사들이 본받고자 했던 자질, 즉 기사다운 행동의 개념이 되기도 했다. 이를테면, 모든 기사들에겐 가난한 사람, 과부나 어린아이나 노인과같이 자기 스스로를 지켜낼 힘이 없는 약자들을 보호할 의무가 지워졌다. 그들은 싸울 수 있는 힘과 기술을 갖춰, 동료 기사의 명예를 지켜줘야 하고, 상사에게는 복종해야 하며, 진실만을 말하고, 여자들의 명예를 존중해야 함은 물론, 같은 계급의 기사가 내미는 도전을 절대로 회피해서는 안 되는 것이었다. 유럽의 '기사도'는 어디까지나 고대 그리스 때부터 내려오는 금욕주의 '스토아 철학'과 그리스도교의 '박애정신'에 그 바탕을 두고 오랜 세월 쌓아온 관습이었고, 당시 유럽대륙을 휩쓸었던 귀족무사계급의 정신문화였다. 남에 대한 배려가 바탕이 된 서양의 사회질서나 공중도덕은 아마도 중세의 '기사도'가 그 뿌리였을 것으로 보인다.

이런 문화적 전통이 오늘날 유럽의 여러 나라와 미국이 선진국이 될 수 있었던 원동력은 아니었을까?

다시 태어난 로마 제곡

노블레스 오블리주

Nobless Oblige

✪ 로마의 귀족들은 전쟁이 나면 반드시 앞장서서 전장으로 달려갔다. 그래서 로마 원로원을 구성하는 귀족의 수는 세월이 흐를수록 로마공화정 초창기보다 눈에 띄게 줄어들었다. 초기 로마공화정시대의 딕타토르(*Dictator*: 독재관)는 전쟁이 나면 언제나 군 최고사령관이 되어 전선으로 나갔고, 승리로 전쟁을 끝내고는 개선장군이 되어 돌아오곤 했다. 그래서 군 최고사령관은 개선장군을 뜻하는 "임페라토르(*Imperator*)"로 불렸다. 하지만, 개선장군의 영광 곁엔 항상 죽음의 그림자가 따라다녔다. 그 뒤 로마제국시대의 황제도 군 최고사령관을 겸직했다. 로마 황제의 공식명칭인 "임페라토르 카이사르 아우구스투스(*Imperator Caesar Augustus*)"라는 긴 이름에도 "임페라토르"가 들어간 이유다. 영어로 '황제(Emperor)'도 "임페라토르"에서 나왔다.

포룸 로마눔에 있는 "황금이정표(*Milliarium Aureum*)"의 잔해

고대 로마는 당시 야만족들이 사는 갈리아와 게르만 지역을 정복할 때 길부터 먼저 닦았다. 그래서 로마와 통하지 않는 곳이 없었기 때문에 생긴 말이 있다.

"모든 길은 로마로 통한다."

이 구절은 실은 고대 로마의 시내 한복판 포룸 로마룸 광장에 세워진 "밀리아리움 아우레움(*Milliarium Aureum*)", 즉 "황금이정표"에 대한 도움말로, 모든 길이 거기서 시작되는 것을 뜻했다. 당시 도로를 닦은 첫째 목적은 물론 군사적인 데 있었지만, 나중엔 많은 민간인들도 여행이든 장사든 여러 목적으로 그 길을 왕래했다. 고대 로마 초기의 간선도로들은 대부분 로마의 귀족들이 자신의 개인재산을 털어 건설했다. 그래서 그 귀족들의 이름이 도로이름에 붙여졌다. 대표적인 것이 세계 최초의 포장도로라고 알려진 '아피아 가도(*Via Appia*)'다. 이 가도는 BC312년에 당시 로마의 집정관인 아피우스(Appius Claudius Caecus)가 건설했기 때문에 그의 이름이 붙여진 것이다. '플라미니아 가도(*Via Flaminia*)', '아우렐리아 가도(*Via Aurelia*)', '도미티아 가도(*Via Domitia*)' 등도 모두 그 도로를 건설한 귀족의 이름을 따서 붙인 것이었다.

그밖에도 로마 귀족들은 공중목욕탕이나 식수를 공급하는 수로를 건설하기도 했다. UNESCO 세계문화유산으로 등재되어 있는 프랑스의 '퐁 뒤 갸르(Le Pont du Gard)'는 로마시대 때 건설한 대

고마제국 때(1세기) 건설된 '퐁 뒤 가르' 수로다리, 고대 로마의 "레스 푸블리카"의 상징이다.

표적인 수로다. 로마의 초대 황제 아우구스투스가 속주 갈리아에 님(Nimes)이라는 도시를 세우고, 그곳에 사는 주민들의 식수를 해결해주기 위해 50km의 수로를 만들었다. 그 수로를 연결하기 위해 계곡 위에 세운 커다란 다리가 '퐁 뒤 가르'다. 2천 년 전에 지은 수로다리가 유럽대륙 곳곳에 유적으로 남아있어 이제는 주요 관광자원이 되고 있다.

✪ 미국 수도 워싱턴의 '내셔널 몰(National Mall)'엔 조각가 로댕의 작품 「칼레의 시민」이란 조각 작품이 있다. 백년전쟁(1337년~1453년) 당시 칼레 시가 영국군에 포위되었을 때, 시민들을 구하기 위해 교수형을 자청한 시민 대표 여섯 사람을 묘사한 조각이다. 칼레시민을 대표할 수 있는 지도층 여섯 사람의 목숨을 바치면 나머지 시민들은 살려주겠노라는 에드워드 왕의 요구에, 칼레에서 가장 부유한 생피에르가 맨 먼저 자원했고, 나머지 다섯 부르주아(부유층 시민)가 생피에르 뒤를 따랐다. 그들은 에드워드 왕이 요구한대로 목에는 밧줄올가미를 두르고 시와 성을 여는 열쇠를 손에 쥔 체 성문을 걸어 나왔다. 로댕은 바로 이 순간, 즉 패배의 굴욕과 자기희생의 영웅심, 죽음 앞에 당당할 수 있는 기백 등 가슴 미어지는 엇갈린 감정을 그의 조각에 묘사해 놓았다. 처형되려는 순간, 당시 임신 중이던 왕비 필리파가 태어날 아이에게 흉조가 되지 않을까 두려워한 나머지 에드워드 왕에게 간청하여 그들은 다행히 모두 목숨을 구할 수 있었다고 한다.

조각의 제목을 「칼레의 시민」이라 했지만, 원작의 이름은 「칼레의 부르주아들(Les Bourgeois de Calais)」이고 영어 제목도 「The Burghers of Calais」로 그저 평범한 시민을 뜻하는 말이 아니었다. 현대 프랑스어 "부르주아(bourgeois)"는 옛 프랑스어 "부르제이(burgeis: 성곽도시)"에서 비롯됐다. 또 "부르제이"는 "부르(bourg: 시장이 있는 소도시)"에서, 또 "부르"는 옛 프랑크어 "부르그(burg: 소도시)"에서 유래했다. 프랑스어 "부르주아"와 같은 파생어로는 중세 영어 "burgeis", 중세 네덜란드어 "burgher", 독일어 "Bürger" 등이 있다. 로댕의 조각 작품에 사용된 "부르주아"나 영어 "버거(burgher)"는 원래 중세시대 때 중간층의 부유하고 존경받는 도시민을 뜻했다. 칼 마르크스는 무산자 계급과 구분하기 위해, "부르주아"라는 말을 자본주의 사회에서 지배계급이나 돈 많은 부자를 뜻하는 말로 썼다. "노블레스 오블리주(Noblesse oblige)"라는 말은 프랑스의 소설가 겸 극작가 오노레 드 발자크가 1836년에 펴낸 소설 『골짜기의 백합(Le Lys dans la vallée)』에서 처음 나타난다. 고대 로마 귀족 사회의 전통에서 출발한 이 고귀한 개념이 프랑스로 본격적으로 옮아온 것이다.

"노블레스 오블리주"는 다시 바다를 건너 영국과 미국으로 전파된다. 영국의 귀족학교로 알려진 이튼칼리지에선 두 차례의 세계대전 중에 그곳 출신 전사자가 2천여 명에 이르렀다. 1440년 설립돼 570년이 넘는 역사를 자랑하는 이튼 칼리지는 19명의 영국 총리를 배출했으며, 졸업생 중 50~60%가 옥스퍼드 대학과 케임브리지 대학에 진학하는 명문학교다. 포클랜드 전쟁 때에는 영국왕실의 앤드류 왕자가 참전해서 위험한 임무를 맡기도 했다.

✪ 6·25전쟁 당시, 미군 장성들 역시 "노블레스 오블리주"의 참 모습을 보여줬다. 미군 장성의 아들로 6·25전쟁에 참전했던 미군의 수는 142명에 이르렀고, 그 가운데 35명이 전사하거나 부상당했다. 당시 미 대통령 아이젠하워, 미8군 사령관 워커 장군, 유엔군 사령관 클라크 장군 등의 아들들 역시 최전선에서 싸우다 중상을 입거나 전사했다. 밴 플리트 미8군 사령관의 아들 지미 공군 중위는 B-29 폭격기를 몰고 야간 임무수행 중 실종됐지만, 밴 플리트 장군은 실종된 아들에 대한 수색 및 구출작전을 즉각 중단할 것을 명령했다.

미 해병 제1항공사단장 해리스 장군은 장진호전투 때 항공지원을 맡았었는데, 공교롭게도 그의 아들 윌리엄 해리스 소령은 이 전투에서 미 해병대대를 지휘하다가 장렬히 전사했다. 장진호전투는 12만의 중공군에게 포위된 미 해병1사단이 그 포위망을 뚫는 돌파작전이었다. 그 작전은 성공했지만, 막대한 희생도 따랐다. 미 해병사단은 전체 병력 1만2,000여 명 가운데 7천여 명의 사상자를 냈는데, 사상자 거의 대부분은 전투보다는 혹독한 추위 때문에 입은 피해였다. 그래서 이 전투는 『뉴욕타임스』의 종군기자 데이비드 핼버스탬의 참전기 『콜디스트 윈터(The Coldest Winter)』의 모티브가 되기도 했다. 이 전투에서 살아남은 생존자들에게 "쵸신 퓨(Chosin Few)"이라는 별명이 붙여진 배경이다. "쵸신"

장진호 전투 당시 얼어 죽은 美해병대 장병들 시신

은 장진호(長津湖)의 일본식 발음이다. 이 같은 미군의 희생이 있었기에, 흥남철수작전이 성공할 수 있었고, 또 10만여 명의 북한주민들도 거제도로 피난 올 수 있었다. 그들의 이러한 말과 행동은 오롯이 "노블레스 오블리주"의 정신에서 비롯된 것이었다.

이처럼 6·25전쟁에 참전했던 미군 장성들이 보여준 엄격한 군율은 고대 로마의 군대에서 그 뿌리를 찾을 수 있다. BC340년, 고대 로마공화정의 콘술(집정관)이던 만리우스(Titus Manlius Torquatus)는 군율을 어긴 자신의 아들을 처형했다. 삼인대장이던 그의 아들은 두 콘술들로부터 적을 만나도 교전하지 말라는 명령을 받았었다. 그는 정찰임무를 수행하던 중 적 기병대와 맞닥트렸는데, 적 기병대장이 단 둘이서 결투를 벌이자는 제안을 해왔다. 그는 마지못해 그 제안을 받아들이고, 적 기병대가 지켜보는 가운데 격렬한 싸움 끝에 적장을 창으로 찔러 이겼다. 전리품을 그의 아버지께 바치지만, 그는 군사 명령을 어긴 죄로 처형되고 만다. 그 뒤, "만리우스의 명령(*Manliana imperia*)"은 무슨 일이 있어도 군사명령을 어겨서는 안 되는 군율이 됐다. 이같이 엄혹했던 고대 로마군의 군율을 본받고자 한 미국 군대의 염원은 사관학교에서 쓰이는 용어에서도 나타난다. 미국의 육사, 해사, 해병사관학교, 해양대학교 등, 여러 사관학교에서 일학년 생도를 일컫는 대명사 "플렙스(*plebs*)"는 로마군단에서 평민계층 출신의 하급전사를 일컫는 말이었다.

마이케나스

Maecenas

✪ 15세기 피렌체의 최고 정치가이자 갑부였던 로렌초 데 메디치(Lorenzo de'Medici)는 어느 날 한 소년이 "사냥-목축의 신" 파우누스의 머리모양을 조각하는 모습을 보고 한마디 했다. "늙은 할아버지치고는 너무 완벽한 턱을 갖고 있지 않니?" 그 소년은 즉시 조각의 이빨을 부러뜨리고 잇몸까지 허물어트려 완전한 할아버지 파우누스의 모습으로 바꿔놓았다. 15세 소년의 재치가 마음에든 메디치는 그를 집으로 불러들여 아들처럼 보살피며 후원했다. 이 아이가 바로 미켈란젤로였다. 메디치는 미켈란젤로 말고도 보티첼리, 다빈치 등 많은 화가·건축가·작가들을 찾아내어 지원했다. 또한 그리스와 로마 시대 때의 희귀한 옛 문헌을 수집하고 그 당시 세계 최대 도서관을 지어 피렌체 시민들에게 개방했다. 피렌체에서 르네상스가 태동할 수 있도록 산파역을 했던 것이다.

유럽에서 예술에 대한 후원은 중세까지 왕실이나 성직자들의 몫이었다. 그것을 이제는 구미의 기업가들이 해내고 있다. 공동체 사람들이 고루 문화를 누릴 수 있도록, 그들은 피나는 노력으로 모은 돈을 아낌없이 내놓는다. 그리고 공동체는 예술가들을 명예롭게 대접하며 존경한다. 미국이 자랑하는 뉴욕의 현대미술관(MoMA)과 메트로폴리탄 미술관(the Met), 워싱턴 내셔널 갤러리는 모두 부자들의 기부로 세워졌다. 세계최고 현대미술관으로 꼽히는 MoMA는 미국 대공황 때 "석유왕" 존 록펠러의 부인 애비를 비롯한 세 명의 재벌부인이 쾌척한 돈으로 세운 것이다. 재벌 2세들도 그 뒤를 따랐다. 메트로폴리탄 미술관은 1870년 철도부호 존 존스턴이 기증한 작품 174점으로 문을 연 이래, 300만점을 소장하며 세계 3대 미술관에 이름을 올렸다. 그 사이 금융재벌 J. P. 모건과 화장품 회사 에스티 로더의 회장들, 그리고 백화점재벌 벤저민 앨트먼 같은 재벌들이 메트로폴리탄 미술관을 미국의 문화적 자랑으로 키우는 데 힘을 보탰다. 뉴욕에 있는 줄리아드 음악대학원(Juilliard School of Music) 또한 섬유로 막대한 돈을 번 사업가 줄리아드(Augustus D. Juilliard)의 기부정신에서 비롯됐다.

부유층의 개별적인 예술에 대한 후원은 20세기 후반에 들어 기업 차원으로 발전한다. 1966년, 미국 체이스맨해튼 은행장이던 데이비드 록펠러가 기업의 사회공헌 예산의 일부를 문화예술에 할당하자고 제안한다. 그리고 이듬해 '기업예술후원회(Business Committee for the Arts)'가 발족하기에 이른다. 기업인들의 이 같은 문화예술 지원 사업은 곧잘 "메세나(Mecenat)"로 불리기도 한다. 메세나는 로마제국 시대 때의 정치가이자 외교관이었던 가이우스 마이케나스(Gaius Cilnius Maecenas: BC 67~AD8)의 프랑스식 이름이다. 아우구스투스 황제의 총신이었던 그는 베르길리우스나 호라티우스(Horatius) 같은 당대의 대 시인들은 말할 것도 없고, 프로페르티우스, 루푸스, 투카, 바루스 같은 수많은 젊고 뛰어난 시인들을 마음껏 후원했다. 그 때문에, 그의 이름은 후세에 "문화예술의 후원자"의 대명사가 됐다. 마이케나스 자신도 산문과 시를 짓는 문장가였다. 아우구스투스가 황제가 되기 전 옥타비아누스 때부터 특수한 관계를 맺어온 그에게는 어마어마한 부와 영향력이 따랐다. 그럼에도, 그는 죽을 때까지 원로원 "세나투스 로마누스"에 들어가지 않고 기사계급 에퀴테스에 만족했다.

✪ 20세기 들어서는 미국에서도 존경받는 사람들이 사회적 책임을 다하는 모습이 두드러진다. 그 대표적 인물이 "철강 왕" 앤드루 카네기와 "석유 왕" 존 록펠러, 그리고 "자동차 왕" 헨리 포드다. 카네기와 록펠러는 "개같이 벌어 정승같이 쓴" 세계적 산업자본가들이었다. 록펠러재단·카네기재단·포드재단 등 세계 3대 자선단체들은 기아문제 해결은 물론 학문과 문화예술의 발전, 신흥국 원조에 이르기까지 교육·과학·의학·사회·문화 등 여러 분야에

걸쳐 인류 발전에 이바지하고 있다.

앤드루 카네기는 애써 일궈온 철강회사 U.S.스틸 등을 팔고, 평생 벌어 모은 자기 재산의 90%를 사회에 기부했다. 카네기공과대학(지금의 카네기멜론대학)·카네기교육진흥재단에 3억 달러 이상을 투자했고, 무려 2,500여 곳의 도서관 건립을 후원함으로써 공공도서관 발전에 크게 이바지했다. 어릴 때 마을의 작은 개인도서관에서 꿈을 키운 그에게 도서관 건립 사업은 무엇보다도 중요한 사회사업이었다. 1889년 미국최초의 문학잡지 『노스 아메리칸 리뷰』에 게재된 「부의 복음(The Gospel of Wealth)」이란 기고문에서, 카네기는 사회 환원이 부자들의 신성한 의무임을 강조하는 명언을 남겼다.

"재산을 안고 지구의 품으로 돌아가는 사람들은 천국에서 명패를 찾을 수 없을 것이다."

1881년에 록펠러는 미국에서 생산되는 석유의 95%를 차지하여 "미국의 석유 왕"이 됐다. 록펠러는 "피도 눈물도 없이" 타 기업을 흡수·통합하고, 돈 되는 일이라면 무엇이든지 서슴지 않았던 악덕 재벌기업가의 전형이었다. 술도 여자도 멀리하고 음악·미술 감상도 하지 않았다. 록펠러는 미국 석유시장 독점으로 미국의 '반독점법(Anti-Trust Act)'의 첫 희생양이 되기도 했다. 그러던 그를 10년 동안 재산관리를 담당해온 프리데릭 게이츠 목사가 1913년 '록펠러재단'을 세워 자선사업에 나설 수 있도록 도왔다. 미국 최초의 의학 연구소인 '록펠러 의학 연구소'를 설립하여 교육 사업에도 발을 내디뎠다. 1920년대 말 미국에 대공황이 불어 닥쳤을 때, 록펠러는 미국 정부의 '뉴딜' 정책에 호응하여 정부 사업에 버금가는 사업을 벌였다. 1928년 착공한 록펠러 센터는 당초 계획보다 훨씬 큰 고층빌딩으로 건축하여 실업난 해소에 보탬이 됐다. 또 2차 세계대전 후 UN이 탄생했을 때, 록펠러재단은 뉴욕시내의 땅을 사들여 UN본부 건물을 지을 수 있도록 무상 기증했다. 고대 로마시대 때 돈 많은 귀족이나 황제들이 그랬던 것처럼, 그는 또 뉴욕 시민들이 마시는 상수도시설을 지어 뉴욕시에 기증하고 운영비용을 대고 있다. 그래서 뉴욕 시민들은 지금도 값싼 수돗물을 마실 수 있다고 한다.

✪ 20세기에 록펠러와 카네기의 개인적인 자비심으로부터 촉발된 미국의 기부문화는 21세기 들어 「기빙 플렛지(The Giving Pledge: 기부선서)」라는 집단적 자선활동으로 그 형태가 바뀌었다. 「기빙 플렛지」는 미국에서 가장 부유한 사람들이 그들이 쌓은 부의 대부분을 자선사업에 쓰겠다고 약속하도록 부추기는 캠페인이다. 마이크로소프트사의 창업자이며 현재 세계 최고의 부자인 빌 게이츠와 "오마하의 현인" 워런 버핏이 공동으로 2010년에 '기부선서'를 한 사람들을 공개했다. 특히 10억 달러 이상을 갖고 있는 부자들에 초점이 맞춰졌는데, 2019년 5월 현재 22개

국에서 204명의 억만장자들이 선서에 서명했다. 페이스북 창업자 마크 주커버그, 폴 앨런 마이크로소프트 공동창업자, 블룸버그 통신 창업자 및 전 뉴욕시장 마이클 블룸버그, 래리 앨리슨 오라클 회장, "대기업 사냥꾼" 폴 아이칸, 영화제작자 조지 루커스, CNN창업자 테드 터너 등, 미국의 내로라하는 부자들이 끼어있다. 이들은 대부분 글로벌 자본주의의 승자로 떠오른 0.1% 신흥갑부들이다. 크리스티아 프릴랜드는 그의 저서 『플루토크라트(Plutocrats)』에서 이들을 공익활동에도 열성적이어서 "박애 자본주의"의 실천자라고 평가했다. 부자들이 시장경제 체제에서 더 많은 혜택과 지나치게 많은 몫을 받았기 때문에 원래 소유자였던 사회로 되돌려줘야 한다면서, "오마하의 현인" 버핏은 이런 말을 남겼다.

"부자들의 돈은 사회에 돌려줘야 할 보관증이다."

이밖에도 미국에서는 수많은 사람들이 재단이나 자선단체를 만들어 사회에 이바지하고 봉사하고 있다. 5만6,000여 개의 자선재단이 있으며, 총 기부액의 77%가 소액기부금일 정도로 미국인들의 98%가 기부에 참여하고 있다. 일 년에 내는 기부금은 약 2,600억 달러로 GDP(국내총생산)의 1.67% 가까이 된다. 또 미국 안에 100만 개 이상의 자선단체가 있고, 거기서 일하는 종사자는 1,020만 명, 자원봉사에 참여하는 사람은 연간 8,400만여 명이나 된다. 카터나 클린턴 등 전직 대통령들이 자기 이름의 재단을 세워 아프리카나 가난한 나라에서 에이즈퇴치, 사랑의 집짓기 등의 자선사업을 펼치고 있는 것은 하찮은 예에 불과하다. 이처럼 미국과 유럽에서는 기부문화가 폭넓게 뿌리를 내려 생활화돼있다. 비영리 자선사업 재단은 오늘날 미국 부자들이 사회적 책임을 다하고 사회에 이바지하는 상징적 존재로 인식되고 있다.

시와 힘의 황금시대

✪ 1961년 1월 20일은 존 F. 케네디가 미국의 35대 대통령으로 취임하는 날이었다. 로버트 프로스트는 케네디 대통령의 취임을 축하하기 위해 「헌정시(Dedication)」를 지어 왔었다. 그리고 이 시를 「빛지지 않은 선물(The Gift Outright)」에 앞서 낭송할 계획이었다. 하지만, 눈부신 햇빛 때문에 잠시 눈이 멀어 그는 시가 적힌 페이지를 볼 수 없었다. 그래서 「헌정시」를 생략하고, 애송시 「빛지지 않은 선물」을 완벽하게 낭송했다. 미국 대통령 취임식에 시인이 초대인사로 헌정시를 낭송한 것은 프로스트가 역사상 처음이었다. 「헌정시」는 나중에 「케네디 대통령 각하의 취임을 위하여(For John F. Kennedy His Inauguration)」로 그 제목이 바뀌었다.

「헌정시(Dedication)」

시: 로버트 프로스트

번역: 카나비

이번 신성한 국가적 행사에
예술가들이 참석하도록 부른 것은
그들이 축하해야 할 어떤 것이 있기 때문인 것 같습니다.
오늘은 내겐 아주 중요한 날입니다.
그리고 그런 일을 생각해낸 첫 번째 사람인
그분의 취임식이 고풍스러운 찬사의 시가 되게 하소서.
내가 바치는 이 헌정시는
수 세기동안 이어져온 어떤 것의 마지막 부분.
즉 트렌드의 시작점을 회상하는 것입니다.
그것은 현대사에서 전환점을 말합니다.

특성으로, 언어로, 또는 토박이의 습성으로 군림하기 위해
국가란 어떠한 존재가 되어야 할 것인가 하는
큰 문제를 알게 될 때까지는
식민지 주민은 크리스토퍼 콜럼버스가 발견한 신대륙의
물건에 지나지 않았었습니다.
프랑스인, 스페인인, 네덜란드인들이 쓰러져

카운트아웃되었어요. 드디어 영웅적 업적이 이뤄졌습니다.
엘리자베스 1세와 영국이 이겼던 겁니다.

우리 건국의 아버지들에 대해
신께서도 잘한 일이라고 인정해 주셨다는 라틴어 문구대로
(우리가 지갑이나 주머니에 지금도 지니고 다니는
달러 지폐에 쓰여 있지 않나요?)
이제 다가오는 시대들의 새로운 질서가 열렸습니다.
네 분의 위인들, 즉 워싱턴, 존 애덤스, 제퍼슨, 그리고 매디슨,
이 영웅들이 알고 이해하고 있었듯이,
성스러운 선지자로서 보았듯이,
그분들은 드러나지 않은 것을 틀림없이 앞서서 내다보았었고,
그분들은 전제군주국가들의 야망을 좌절시켰고,
우리의 「독립선언문」에서 보듯
개개인이 곧 국가라는 인식을 주민들에게 심어주었습니다.
그리고 이건 소수민족들을 희생시키고 내뱉은
귀족적인 농담이 아닙니다.
우린 여러 인종들이 자신들의 자주권과 관습을 펼치기 위해
아주 만만찮게 모여드는지를 압니다.
우리가 보기엔, 그들은 어느 정도까지는, 당분간은,
그리고 그들의 동의를 얻어
민주주의가 무언지를 가르쳐야 하는

우리의 피보호자들입니다.

"다가오는 시대들의 새로운 질서"라고 말했나요?
오늘 그것이 질서정연해 보이지 않는다면,
그런 상태에서 시작하게 된 우리가
거기에 용감하게 뛰어들어야만 하는 것이
혼란스럽습니다.
정직한 감정을 지닌 사람은 누구나
격변을 이겨내고도 그것을 기뻐하지 않은 척했던
지배자를 인정하지 않았습니다.
소용돌이 바람과 허리케인을 타고
아메리카에 비행기를 가져다주었던 두 사람,
그 두 사람의 영광을 우리 모두는 알고 있습니다.

어떤 못난 바보는 속으로 이렇게 말합니다.
영광이란 삶과 예술에선 철 지난 것이라고.
혁명과 무법천지 때 펼친 우리의 모험심이
바로 지금까지 거듭된 영광을 가져왔고
자유의 역사를 일궈냈습니다.
지난번 같은 선거는 아직도 기억에 생생한데,
국민이 찍은 것 중에서 가장 위대한,
아슬아슬했지만 승복하기엔 확실한 투표에

우리들이 흥분하는 것은 기적이 아닙니다.

공기 속 상큼한 냄새 같은 용기는
해법이 없이 그리고(an's)와 만약(ifs)과 같은
접속사를 되풀이하는 것 보다 낫습니다.
잘못된 쪽에 선 추종자들과 감히 절연해 버리는
대담한 정치인들을,
군중의 건실한 독립심을,
높은 뜻에 걸맞게 제일인자를 견제하기 위해
신이 내린 권리인 민주주의 형태를 지지한
여덟 상원의원들의 이야기를 담은
책이 있었습니다.

봉급생활자, 견습생, 사회적 약자 편에 서서 용감하게 나서면서도,
조금은 완고해야 하는 삶에 대한 소명이 있습니다.
또, 운동경기에 대해선 좀 덜 비판적이고
생각은 익살로 가득해야 합니다.
우리 맘속에 있는 그 선지자는 바로
제2의 아우구스투스 시대의 영광이 다가올 조짐입니다.
그 영광을 가져올 힘은
국력과 국가의 자존심에서 우러나오며,

한번 부딪혀 보려는 패기 넘치는 야망이며,

국가들 간의 파워게임에서

자유주의 신념에 대해 우리를 실망시키지 않는 굳은 의지를 말합니다.

이 한낮이 시와 힘의 황금시대가 시작되는

바로 그 시간입니다.

✪ 이 시를 쓸 때, 프로스트는 베르길리우스의 서사시 「아이네이드」에서 많은 영감을 받았다. 그래서 그의 시에선 「아이네이드」에 담겨있는 신화와 역사, 그리고 예언이 되살아나 숨 쉬고, 고대 로마와 미국이 겹치는 환상이 그려져 있다. 고전문학 및 역사학자로 베르길리우스 전문학자인 스테파니 퀸 박사도 그의 저서 『왜 베르길리우스인가?(Why Virgil?)』에서, 「아이네이드」를 모르고는 이 시를 이해하기 힘들다고 잘라 말한다.

미국의 건국 과정은 고대 로마를 닮았고, 그 이념 역시 로마제국을 본떴다. "필그림 아버지들"의 항해는 트로이 왕자 아이네아스와 그 난민 일행의 방황과 맞물리고, 뉴플리머스는 아이네아스 일행이 이탈리아의 땅에 세운 조그마한 정착지 라비니움과 빗대어진다. 로마를 세운 로물루스는 미국의 독립을 선언한 "건국의 아버지들"에 비유된다. 로물루스가 건설한 도시 로마가 훗날 거대한 제국의 수도가 됐듯이, "건국의 아버지들"이 세운 미국이 "시대를 이끄는 새로운 질서"로 그려졌다. 그리고 「아이네이드」

속의 여러 신들처럼 프로스트도 감히 예언한다. "우리 맘속에 있는 그 선지자는 바로 제2의 아우구스투스 시대의 영광이 다가올 조짐"이라고. 그러고 보면, 프로스트 자신은 베르길리우스와 살며시 포개진다.

✪ "우리의 독립선언문에서 보듯 개개인이 곧 국가"라는 구절은 "공화주의"의 핵심 이상인 개인의 천부적인 자유야말로 한 국가를 이루는 핵심가치라는 것을 일깨워주고 있다. "여덟 상원의원들의 이야기를 담은 책"이란 존 케네디가 지은 『용기 있는 사람들(Profiles in Courage)』을 일컬었다. 이 책엔 여덟 상원의원들이 펼친 용감하고 진솔한 행동이 그려져 있다. 그 여덟 의원들은 자신이 옳다고 여기는 것을 해내기 위해, 자신이 속한 당과 지역구 유권자들의 의견에 반대되는 언행을 했다. 그 바람에, 그들은 심한 비판을 받았고, 인기도 잃었다. 이 책은 남북전쟁 전 19세기 중엽의 미국 상황과 남북전쟁을 늦추기 위한 그들의 노력에 초점이 맞춰졌다. 이 책은 1957년 퓰리처상을 받았고, 베스트셀러에 오르기도 했다. "아슬아슬했지만 승복하기엔 확실한 투표"는 1960년 대통령 선거 때 0.17%의 아슬아슬한 차이로, 민주당 케네디 후보가 공화당 닉슨 후보를 누르고 대통령에 당선됐던 사실을 표현했다. "우리 맘속에 있는 그 선지자"는 바로 케네디 대통령을 가리켰고, 그가 미국을 제2의 아우구스투스 시대로 이끌 것이라는 가슴 뭉클한 희망을 나타냈다.

1959년 기자와의 회견에서, 프로스트는 매사추세츠 주 출신의 상원의원으로 퓨리턴이 앞으로 미국의 대통령이 될 것이라고 점쳤다. 불혹(40살)을 갓 넘긴 케네디 상원의원을 두고 한 예언이었다. 퓨리턴도 본디 로마 가톨릭이 뿌리였기 때문에, 로마 가톨릭 신자였던 케네디를 그렇게 표현했다. 그리고 케네디가 대통령 후보이던 때엔, 프로스트는 강의 때나 모임에서 공개적으로 그를 지지했다. 그것을 알게 된 케네디 후보는 그의 유세 때 프로스트의 시 「눈 내리는 저녁 숲속에 멈춰 서서(Stopping by Woods on a Snowy Evening)」의 마지막 구절을 인용하곤 했다. 이 구절은 깊은 철학이 담겨있어서, 뭇 유명 인사들이 즐겨 끌어 쓰기도 한다.

But I have promises to keep,
And miles to go before I sleep.
그러나 잠들기 전 내겐 지켜야 할 약속들,
그리고 아직 가야 할 먼 길이 있습니다.

프로스트의 시엔 그의 깊은 철학과 통찰이 담겨있다. 프로스트가 75번째 생일을 맞던 1950년, 미 상원에선 프로스트를 "미국에서 가장 위대한 시인철학자"로 부르는 결의안이 통과됐다. 프로스트는 권력자의 통치행위가 하드파워 뿐만 아니라, 소프트파워가 조화를 이뤄야 한다고 믿었다. 시의 마지막 구절에 나오는 "시와 힘의 황금시대"는 곧 '문화와 권력(또는 국력)', 또는 '소프트파워와 하드파워'를 조화롭게 다루라는 충고였다. 취임식이 끝나고, 케네디 대통령 부부가 프로스트를 백악관에 초대했을 때, 프로스트는 케네디 대통령에게 이런 충고를 남겼다.

"하버드 사람이 되지 말고, 아일랜드 사람이 되십시오. 시와 힘은 제2의 아우구스투스 시대의 공식입니다. 권력을 두려워하지 마십시오."

미국의 역사와 정체성, 건국이념과 좇는 가치 그리고 미국이 나아갈 길을 담은 그의 「헌정시」에서, 프로스트가 놓친 부분이 있었다. 토착민 아메리칸 인디언들이다. 아메리칸 인디언들은 아메리카 대륙의 터줏대감이었을 뿐만 아니라, "필그림 아버지들"이 아메리카 대륙에 정착하는 데 결정적으로 도왔었다. 미국의 식민지 개척이나 "서부개척" 역사에서 최소한 조연쯤 되는 적수였다. 게다가, 세상에 사납고 몹쓸 야만인으로 비쳐진 것과는 달리, 아메리칸 인디언들은 신뢰감이나 위엄, 상무정신 같은 부족의 특성들, 그리고 자연에 대한 두려움과 깊은 사랑을 지녔었다. 그리고 이 같은 차원 높은 인디언들의 정신세계는 미국 사람들의 마음속을 깊이 파고들었다. 자격지심에서였을까? 프로스트는 이런 사실을 깡그리 무시했다.

미국은 이처럼 새로운 땅에 "공화주의"라는 새로운 가치를 심었지만, 세월이 흐르면서 점점 제국주의로 변해가는 모습도 보인다. 이것을 날카롭게 비판한 시인이 있다. 오늘날 환경운동의 아이콘이 된 로빈슨 제퍼스(1887~1962)는 그의 시「빛나거라, 스러져가는 공화국이여(Shine, Perishing Republic)」에서, 미국사회를 금형틀 속에서 굳어져 가는 걸쭉한 쇳물에 빗대며, 관료주의와 부패에 찌들어 제국주의화 되어가는 것을 매섭게 꾸짖는다. 그의 시는 이렇게 끝맺는다.

「**빛나거라, 스러져가는 공화국이여**(Shine, Perishing Republic)」

시: 로빈슨 제퍼스

번역: 카나비

(전략)

소년들아,
사람, 즉 똑똑한 하인의 사랑 속에서 느껴지는
아주 평온한 마음을 그 어디에서도 찾을 수 없을 땐,
차라리 참을성 없는 주인이 되거라.
가장 고귀한 영혼들을 사로잡는 덫,
그건 -사람들이 말하길-
신이 지상에 내려와 걸을 때 그분을 사로잡았던 덫이란다.

판테온

Pantheon

✪ 먼 옛날 BC6세기경, 고대 로마는 지식에 있어서는 그리스인들보다 못 하고, 기술에 있어서는 에트루리아인들보다 못 하고, 체력적으로는 게르만족들보다 못 했지만, 끝내 이들을 모두 정복하고 통합하여 천년제국을 이룩하는데 성공했다. 무엇이 그것을 가능케 했을까? 여러 가지 요인이 있겠지만, 그 가운데서도 개방정책이 무엇보다 큰 역할을 했다는 것이 세계 역사학자들의 일치된 견해다. 고대 로마는 비록 점령지에서 끌려온 노예일지라도 쓸모가 있을 때엔 로마시민으로 받아들였고, 적의 포로 역시 로마 보조군으로 일정한 기간 복무하고 나면 로마 정규군으로 편입시켰다. 점령지엔 도로와 수도를 건설하여 식민주민들의 생활을 개선해 주기도 했다. 그리고 그들 개개인이 믿고 있는 종교는 그 어떤 것이라도 허용하는 관용을 베풀었다. 로마제국은 판테온(Pantheon) 신전을 지어, 자신의 지배 아래 있던 모든 민족의 신들

을 모시기도 했다.

티로(Marcus Tullius Tiro)의 경우야말로 고대 로마가 열린사회였던 것을 보여주는 대표적인 사례다. 티로는 키케로(Marcus Tullius Cicero) 가문의 노예의 자식으로 태어났다. 그는 주인의 아들 키케로와 두 살 터울이어서, 어릴 적엔 자연스레 키케로와 친구처럼 지냈다. 그리고 키케로의 아버지도 티로를 마치 자식처럼 거두며 라틴어와 그리스어 공부를 시켰다. 그는 거의 일평생 키케로의 집사, 개인비서, 받아쓰기 등의 역할을 훌륭히 해냈다. 티로는 키케로의 연설을 받아쓰면서 속기 표기법을 개발했다. 그래서 그는 속기의 할아버지로 불린다. 키케로도 티로를 "뛰어난 젊은이(*adulescentem probum*)"라고 불렀다. BC53년 티로가 48살이 되던 무렵, 키케로는 티로를 노예의 신분에서 해방시키고, 그에게 키케로 가문의 수직 돌림자 "마르쿠스 툴리우스"를 쓰도록 허용했다. 티로는 자유민이 된 뒤로도, 키케로의 곁을 떠나지 않고 클라이언트로서 그의 변론 활동을 도왔다. BC43년 키케로가 암살되자, 티로는 키케로가 생전에 친구나 가족에게 보낸 편지를 모아 출판하기도 하고, 키케로의 자서전을 쓰기도 했다. 티로는 키케로의 헌신적인 친구였다. 그는 은퇴한 뒤, 지금의 나폴리 해변 경치 좋은 곳에 널찍한 땅을 사서 99세까지 살다 죽었다.

마르쿠스 툴리우스 키케로(BC106~BC43)는 고대 로마의 기사계층(*equites*)의 부유한 집안에서 태어났다. 그는 법률가, 정치가, 철

두 개의 종탑이 있는 판테온과 피아짜 델라 로톤다, 독일의 수채화가 야곱 알트 작품(1836년),
판테온은 아우구스투스 황제의 사위 아그리파가 지었다.

학자이자, 고대 로마의 가장 위대한 변론가이자 산문작가이기도 했다. 키케로가 변론가, 정치가, 또는 학자로서 성공할 수 있었던 데엔, 티로의 도움이 결정적이었다. 그가 남긴 저서로는 『국가론(*De Re Publica*)』과 『법학론(*De Legibus*)』이 있다. 그보다, 그는 산문작가로서 서양문화에 뚜렷한 발자취를 남겼다. 그는 일상생활에서만 쓰이던 너절한 라틴어를 함축적이고 문학적인 매개체로 바꿔놓음으로써, 그리스어가 지배하던 유럽사회가 라틴어 시대로 바뀌게 되는 계기를 마련했던 것이다.

고대 그리스시대 때 스파르타와 아테네의 정치체제는 매우 대조적이었다. 스파르타는 내륙에 갇힌 도시국가였던 반면, 아테네는 해양제국이라는 지정학적 차이가 이들 국가의 운명을 갈랐다. 스파르타는 매우 가난하고 폐쇄적이며 거칠었지만, 아테네는 부유하고 개방적이었다. "우리민족 끼리" 같은 배타적 순혈주의였던 스파르타는 BC371년 이웃나라 테베에 그 지역의 주도권을 빼앗긴 뒤 쇠락의 길을 걷다가, BC146년 마침내 로마에 패망하여 역사에서 사라지고 말았다. "스파르타"하면 피도 눈물도 없이 엄격하고 가혹하기만 하다는 부정적인 이미지만을 남긴 채…. 이와는 대조적으로, 아테네는 찬란한 고대 그리스의 '헬레니즘 문화'를 꽃피운 덕에, 지금까지 온 인류가 그 문화의 혜택을 누리고 있다. 아테네야말로 프랑스의 철학자 앙리 베르그송이 1932년에 생각해낸 "열린사회(Open Society)"의 원조라 할 수 있다. 베르그송이 말하는 "열린사회"란 곧 종족이나 민족을 뛰어넘어 모든 인류를 보듬는 역동적이며 창조적인 사회를 일컫는다.

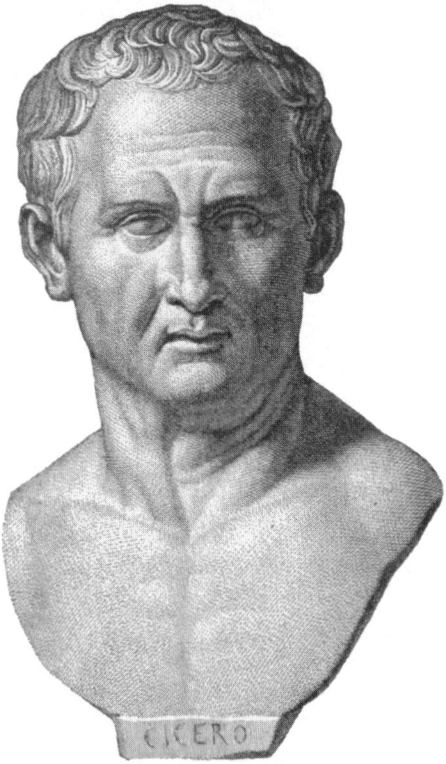

마르쿠스 툴리우스 키케로

✪ 13세기 초에 칭기즈칸이 세운 대몽골 제국 역시 고대 로마와 비슷한 정책을 폈다. 몽골 사람들은 13세기부터 14세기 중엽까지 150여 년간 대몽골 제국을 세워 광대한 영토와 수많은 이민

족들을 다스리면서, “점령지의 법을 존중해주고, 종교가 다르다고 탄압하지 말 것이며, 민족이 다르다고 편을 가르지 말라”는 정책을 「대 자사크(Yeke Jasag)법」으로 명문화했다. 칭기즈칸 자신과 몽골인들은 대체로 무속신앙, 즉 샤머니즘을 믿었으나, 칭기즈칸의 며느리는 기독교계였다는 사실에서, 당시 몽골이 종교에 대해 얼마나 너그러웠었는지를 쉽게 이해할 수 있다. 그는 낮에는 전투하고, 밤에는 각 종교의 지도자들이나 몽골의 무속인, 또는 티베트의 점술가들과 잇따라 대화를 나눴다. 칭기즈칸은 자기를 부를 때 존칭을 쓰지 말고 자기 이름 “테무진”으로 부르라 했다. 그 이유는 예의를 차려 존칭을 사용하면 말이 길어져 전달할 내용을 잊어버리기 때문이라는 것이다. 칭기즈칸에게 존칭을 썼다면 아마도 “대 몽골 칭기즈칸, 텡그리고트 샤누이 테무진”과 비슷한 말이었을 것이다.

현재의 미합중국 또한 이질적인 역사와 문화를 가진 온갖 다른 민족들이 신대륙으로 몰려들어와 이룩한 인종백화점 같은 나라다. 그럼에도, 미국은 20세기 들어 세계 초강대국으로 발돋움하는데 성공하여 “팍스 아메리카나”를 뽐냈다. 백인들이 유럽에서 건너오기 이전부터 그곳 터줏대감이던 아메리칸 인디언들도 있고, 신대륙 남쪽지역에 먼저 정착해 살던 히스패닉계도 있으며, 심지어는 저 멀리 아프리카에서 노예로 끌려온 아프리카 흑인노예들까지 다 같이 한데 섞여, 오늘의 미국사회를 이루고 있는 것이다. 미국의 수도 워싱턴 DC엔 "열린사회"를 상징하는 건물이 있다. 바로 미 의회 의사당 '미국 캐피톨(U.S. Capitol)'이다. '캐피톨 빌딩' 동쪽정면의 한가운데와 좌우 양쪽 윙은 로마제국 때의 판테온의 모습을 그대로 본뜬 건물이 차지하고 있다. "판테온"은 모든 민족의 신들을 모시던 신전이어서, "열린사회"의 상징이었다. 의사당 건물의 이름도 "열린사회"였던 고대 로마에서 끌어다 썼다. "캐피톨(Capitol)"은 고대 로마의 일곱 언덕 가운데 하나였던 카피톨리움(*Capitolium*)에서 따왔다. 카피톨리움은 고대 로마에서 가장 중요했던 유피테르 카피톨리누스 신전이 있던 언덕이었다.

✪ 별명문화도 열린사회의 상징이라 할 수 있다. 사실, 별명은 고대 로마 때 한 사람의 공적을 기리거나, 그 사람의 특징을 나타내는 또 다른 이름(*agnomen*)에서 비롯됐다. 아프리카를 정복한 스키피오 장군에게는 "아프리카누스(*Africanus*)", 발칸지방을 침입한 고트족을 물리친 클라우디우스 황제에게는 "고티쿠스(*Gothicus*)", 성격이 엄격한 셉티미우스 황제에게는 "세베루스(*Severus*: 엄한)"라는 별명이 따랐다. 고대 로마의 황제나 귀족들에게는 신체적 특징이나 특이한 성격, 출신 지역, 또는 행태를 꼬집어 지어진 별명이 본이름 뒤에 붙여졌다.

"바르바투스(*Barbatus*: 털보)", "브루투스(*Brutus*: 멍청이)",
"카이쿠스(*Caecus*: 장님)", "카니누스(*Caninus*: 개 같은)",

"크라수스(*Crassus*: 뚱보)", "레피두스(*Lepidus*: 매력덩이)", "파울루스(*Paullus*: 쪼그만)", "포스투무스(*Postumus*: 유복자)", "바루스(*Varus*: 안짱다리)"

별명을 즐겨 썼던 고대 로마의 전통은 그 뒤 온 유럽 국가들로 퍼져나갔다. 중세 때 용맹을 떨쳤던 영국의 리처드 1세는 "사자심장(the Lionheart)", 트라팔가르 해전의 영웅 넬슨 제독은 "키클롭스(Cyclops: 그리스 신화의 외눈박이 거인)", 프랑스의 루이 14세는 "태양왕((le Roi-Soleil)", 프랑스의 영웅 나폴레옹 보나파르트는 "쪼그만 병장(Le petit Caporal)", 또는 "코르시카인(the Corsican)", 독일의 통일을 이뤄낸 독일의 명재상 비스마르크는 "철혈재상(Eiserner Kanzler)"이란 별명이 따라다녔다. 아마 수많은 사람들의 이름을 일일이 기억하기보다 그 사람의 아이콘적인 특징을 콕 집어 표현한 말이 더 외우기 쉽기 때문이었는지도 모른다. 이런 고대 로마의 별명문화를 고스란히 물려받은 나라가 영국과 미국이다.

✪ 미국 사람들은 유난히 별명을 좋아한다. "톰(Tom), 딕(Dick), 알렉스(Alex), 짐(Jim), 밥(Bob), 쑤(Sue), 리즈(Liz), 데비(Debby)" 같은 애칭은 간단명료하여, 부르기도 쉽고 기억하기도 좋을 뿐만 아니라, 동시에 친근감도 준다. 이런 별명은 직장에서도 통용된다. 미국에선 말단 직원이 최고경영자인 회장에게 존칭을 생략하고, 그냥 이름이나 별명을 부르는 것이 관례다. 보이지 않는 장벽이 없

어서, 서로 스스럼없이 소통한다.

미국에서는 또 별명을 사람이름뿐만이 아니라, 기회만 닿으면 어디에건 갖다 붙인다. 화폐단위에도 별명을 지어 달러를 "그린 백(greenback)"이라거나 "벅(buck)"이라 부르고, 동전에도 "페니(penny: 1센트)", "니클(nickel: 5센트)", "다임(dime: 10센트)", "쿼터(quarter: 25센트)" 등으로 즐겨 부른다. 미국의 모든 주에도 별명이 붙어있다. 이를테면, 델라웨어는 헌법을 최초로 인준한 주라 해서 "첫 번째 주(The First State)", 네브래스카는 "옥수수까기 주(The Cornhusker State)", 뉴멕시코는 "마법의 땅(Land of Enchantment)"으로 불린다. 지명, 건물이름, 기관이름, 회사이름에도 별명을 붙여 부르는 경우가 많다. 미 대통령 관저는 흰 건물이라 "백악관(The White House)", 미 국방부는 오각형 건물이라 "펜타곤(The Pentagon)", 미 육군사관학교는 지명을 따라 "웨스트포인트(West Point)"로 더 잘 알려져 있다. 심지어는 보험회사의 이름이 일반명사처럼 된 경우도 있다. "뮤추얼 오브 오마하 맨(Mutual of Omaha man)"이라고 하면 "야생동물 보호주의자"로 통용된다. 여기서, '뮤추얼 오브 오마하'는 본디 생명보험사의 회사명인데, 꾸준히 야생동물 보호캠페인을 벌인 결과 그런 명성을 얻었다.

공화주의
Replublicanism

고대 로마의 원형경기장, "콜로세움(Colosseum)" 고대 로마 때의 "레스 푸블리카"의 상징이다.

- 레스 푸블리카(*Res publica*)
- 정의의 작품
- 의무, 명예, 국가
- 공화주의"의 파수꾼들
- 목숨보다 값진 파수꾼들의 명예

고대 로마에선, 시민들을 위해 도로를 닦고, 수로를 건설하고, 공중목욕탕을 짓고, 콜로세움을 세우는 일들이 그치지 않았다. 이같이 공공의 이익을 위하는 일들을 일컬어 "레스 푸블리카(*Res publica*)"라고 했다. 종신 전제군주제였던 로마왕국을 무너뜨리고 태어난 새로운 정치체제를 로마공화정이라 일컬으면서, "레스 푸블리카"는 '공화국(Republic)'이란 뜻으로 변했다. 그리고 '공화국'에서 "공화주의(Republicanism)"란 말이 생겨났다. "공화주의"는 오랜 세월 진화를 거듭한 끝에 아메리카 대륙에서 그 꽃을 피웠다. 링컨 대통령이 수많은 젊은이들의 목숨을 희생시키면서까지 남북전쟁을 치렀던 까닭도 "공화주의"를 지켜내기 위한 괴로운 선택이었다. "웨스트포인트"의 모토 "의무, 명예, 국가"가 좇는 궁극적인 이상도 "공화주의"를 지키기 위한 '도덕코드'였다. "국가의 부름"에 주저 없이 전장으로 달려가는 미국의 젊은이들의 '도덕코드'는 오직 '국가'와 자신의 '명예'뿐. 그래서 "공화주의"를 지키는 파수꾼, 즉 군인들에 대한 미국 사람들의 정서는 영웅들을 우러러보는 오마주다.

공화주의

레스 푸블리카

Res publica

✪ 고대 그리스와 카르타고의 도시국가들에선, 국가에서 공공의 이익을 위한 일들을 벌이곤 했다. 그 뒤 고대 로마에 들어서도 공공의 이익을 위한 일들은 계속됐다. 로마 시민들을 위해 도로를 닦고, 수로를 건설하고, 공중목욕탕을 짓고, 콜로세움(원형경기장)을 세웠다. 이 같은 일은 곧 국가를 위하고 로마 시민들을 위하는 일, 즉 공공의 이익을 위하는 것이었다. 역사학자이자 정치가, 웅변가였던 키케로는 그의 저서 『국가론(*De re publica*: BC54~BC51)』에서, 이런 일들을 정의하여 "레스 푸블리카(*Res publica*: *Public affairs*)"라고 일컬었다.

"레스 푸블리카란 공공의 이익을 위한 일들이다."

(res publica est res populi.)

그는 이 개념을 그리스의 "폴리테이아(politeia)"에서 따왔다. 고대 그리스의 철학자 플라톤과 아리스토텔레스가 정치적인 생각을 표현할 때 즐겨 썼던 "폴리테이아"는 '도시국가'를 뜻하는 "폴리스(polis)"의 파생어로, 그땐 '시민의 권리'라거나 '정부의 형태'를 뜻했었다.

로마공화정의 문장, SPQR은 Senatus Populusque Romanus의 약자로, "로마의 원로원과 시민"을 뜻했다.

BC509년, 루키우스 브루투스가 원로원 귀족들과 함께 종신 전제군주제인 로마왕국을 무너뜨리고, 1년 임기의 두 콘술(*Consul*: 집정관)이 다스리는 새로운 정부형태를 선보였다. 훗날 로마의 학자들은 로마왕국과 로마제국 사이에 존재했던 이시기를 로마공화정(*Res Publica Romana*)이라 이름 지었다. '공공의 이익을 위한 일들'을 뜻했던 "레스 푸블리카"가 정치체제를 뜻하는 '공화정'으로 변했다. 영어 "공화국(Republic)"도 이 라틴어에서 비롯됐다. 로마공화정 때, 다시는 한 사람이 죽을 때까지 다스리는 군주제로 되돌아가지 않도록 선서하는 운동을 벌였다. 이 운동에서 "공화주의(Republicanism)"란 말이 생겨났다.

로마왕국은 애초엔 원로원 "세나투스 로마누스(*Senatus Romanus*)"가 뽑은 왕이 죽을 때까지 다스리는 전제군주제였다. 그렇게 250여년이 지날 무렵, 타르퀴니우스 왕이 국정을 농단하고 그 아들마저 악행을 저질렀다. 이를 보다 못한 왕의 조카 루키우스 브루투스가 원로원과 함께 왕을 내쫓고, 로마공화정(BC509~BC27)을 세운다. 로마공화정은 최상위 귀족계층을 대표하는 원로원 "세나투스 로마누스"와 평민계층을 대표하는 평민회 "콘킬리움 플레비스(*Concilium Plebis*)"가 국정을 이끄는 권력구조였다. 원로원은 1년 임기의 두 집정관(콘술)을 뽑고, 평민회는 그들을 대표하는 호민관 "트리부누스 플레비스(*Tribunus plebis*)"를 선출했다. 하지만, 농업이 경제의 중심이던 그 시절, 대단위 농장 "라티푼디아(*latifundia*)"를 거의 다 차지한 최상위 귀족계층은 로마의 부와 권력을 독점하다시피 했다. 한편, 평민계층 "플레베(*plebe*)"도 로마군단에 입대하여 병역의무를 다하면서 그들의 정치적 목소리를 키워갔다. 로마군단의 하급전사들은 "플레베" 출신이 대부분이어서 전투의 소모품이나 마찬가지였다. 그렇게, 두 계층 사이의 갈

밀집대형의 로마제국 레기온 병사들, 프랑스 남부 BC27년~260년 사이에 존재했던 글라눔에서 발굴된 양각 부조상.
글라눔은 알레만니 게르만 족의 침공으로 폐허가 됐다.

등은 피할 수 없는 도전으로 다가왔고, 마침내 BC494년~BC287년 사이에 다섯 차례에 걸쳐 "세케시오 플레비스(*Secessio plebis*)", 즉 '평민들의 탈퇴' 사건이 터졌다. "세케시오 플레비스"는 로마 평민계층이 오늘날 파업과 비슷한 형태의 단체행동을 벌인 사태를 일컫는 말이었다.

✪ 로마공화정 때, 로마와 페니키아 사이에 벌어진 세 차례의 포에니 전쟁은 피할 수 없는 숙명이었다. 페니키아의 여왕 디도는 사랑했던 아이네아스가 갑자기 떠나버리자, 비탄에 빠져 자살하고 말았다. 디도가 자살하면서 내뱉은 저주가 기어코 전쟁을 불러일으켰던 것이다. 신흥국 로마의 세력이 점점 커짐에 따라, 로마와 페니키아 두 나라는 '투키디데스의 함정(Thucydides's Trap)'으로 점점 빠져들어 갔다. 신흥대국이 기존 패권국에게 공포의 대상이 될 때, 전쟁으로 발전하게 된다고 빗댄 말이 '투키디데스의 함정'이다. 미국 하버드대 케네디 스쿨의 그래함 앨리슨 교수가 지어 붙인 말이다. 투키디데스는 BC5세기 그리스의 장군이자 역사학자였다. 그는 신흥 해양강국이 된 아테네와 기존 패권국 스파르타와의 패권투쟁을 과학적으로 파헤친 『펠로폰네소스 전쟁』이란 역사책을 썼다. 아테네와 스파르타 사이에 펠로폰네소스 전쟁(BC431~BC404)이 일어날 수밖에 없었던 그 당시의 상황을 과학적으로 그려낸 책이다. 그는 전쟁의 원인을 페르시아의 침략을 물리친 뒤 국력이 커진 아테나에 대해 패권국 스파르타가 느낀 공

포, 그리고 자만심과 자존심 같은 감정에서 찾았다. 어쨌든, 세 차례에 걸친 포에니 전쟁은 로마의 승리로 끝이 났고, 지중해의 패권은 당연히 로마에게로 넘어갔다. "공화주의"의 로마가 원수체제의 페니키아 왕국을 무너뜨리고, 위기를 기회로 바꿨던 것이다.

지중해의 패자였던 페니키아를 무너뜨린 로마공화정은 482년간 지속되다가, BC1세기 또 다시 거센 도전을 받는다. 로마의 세력이 가없이 팽창하면서 주변 야만족들과 싸움이 잦았던 그 시절, 임기 1년의 콘술(집정관)이 다스리던 공화정은 아무래도 비효율적이었다. 그런 상황을 틈타서 갈리아에서 빛나는 전과를 올리고 있던 갈리아의 최고사령관 카이사르가 반란을 일으켰다. 4년에 걸친 로마내전(BC49~BC45)은 카이사르의 승리로 끝났다. 그리고 항상 야만족들과 전쟁을 해야만 하는 로마를 좀 더 효율적으로 다스리기 위해, 카이사르는 종신 딕타토르(*Dictator perpetuo*)가 됐다. 종신 딕타토르는 로마를 원수체제의 제국으로 가는 길을 텄다. 하지만, BC44년 3월 15일 카이사르는 원로원의 공화주의자들의 손에 암살되고 만다. 어느 창자점술가의 경고대로, 그는 운명의 날, 즉 "이두스 마르티이(Idus Martii)"를 맞았던 것이다.

✪ 고대 로마에서 비롯된 "공화주의"는 1215년 영국에서 전제군주의 절대권력에 제동을 건 「대헌장(Magna Carta)」을 이끌어냈고, 14~17세기 르네상스 시대에 들어선 인문주의자들(civic humanists)

이나 몽테스키외, 루소, 토마스 모어 같은 계몽주의자들(*Illuminati*)의 사상의 밑바탕이 됐다. 영국의 법률가-철학자-정치가 토마스 모어(Sir Thomas More)는 『유토피아(Utopia: 1516년)』를 지어 "공화주의"를 열렬히 지지했다. 사람들은 이들의 영향을 받아 인류의 보편적 가치에 눈을 뜨기 시작했다. 토마스 홉스, 존 로크, 장 자크 루소 같은 사상가들이 '사회계약설'을 주창하게 된 배경이다. 사회 구성원들이 자신의 권리에 거슬리는 지도자를 내쫓을 수 있는 자유주의적 사상을 바탕으로 한 '사회계약설'은 영국의 '청교도혁명(1640~1660)'과 '명예혁명(1688년)', 그리고 '미국의 독립혁명(1776년)'에 커다란 영향을 끼쳤다.

현대적 의미의 "공화주의"는 18세기에 미국의 "건국의 아버지들"에 의해 처음 실현됐다. 미국 각 주와 연방의 헌법초안에는 몽테스키외의 3권 분립과 고대 로마공화정 때의 양원제 의회 사상이 반영됐다. "공화주의"는 1776년의 「독립선언문」, 「1787년의 헌법」, 그리고 「게티즈버그 연설문」의 기초가 되면서 미국에서 마침내 그 화려한 꽃을 피우게 된다. 다시 말하면, 인류의 이상과 꿈이던 "공화주의"가 현실이 된 것이다. 그것이 바로 "미국식 공화주의(American Republicanism)"다.

✪ "공화주의"란 '공화국'을 구성하는 시민들이 다 함께 좇는 정치적 이념을 일컫는다. "공화주의"는 몇 가지 핵심적인 개념을 품고 있다. 즉, '생명, 자유, 평등, 그리고 행복추구권' 같은 인류의

보편적 가치를 좇는 시민의식(civic virtue), 누구나 정치에 참여함으로써 누리는 혜택, 부패의 위험성, 삼권분립 같은 정부 내의 견제세력의 필요성, 그리고 법치주의 등이다. 이 같은 개념들과는 별도로, 아주 중요한 가치가 있다. 그것은 정치적 자유다. 정치적 자유는 개인적인 일에 대해 정부의 간섭에서 자유로움을 뜻한다. 그리고 무엇보다, 시민 개개인의 사생활은 반드시 헌법이나 헌장으로 보장돼야 한다. 바꿔 말하면, 시민의 자유가 침해당할 때, 공화국의 존재는 위협받게 된다. 공화국이 위협받지 않는 한, 공화국의 지도자들은 그들이 봉사하는 개인의 사생활에서 비켜서야 한다. 반면에, 이러한 정치적 자유를 누리기 위해선, 스스로를 억제하는 자제력과 스스로에게 의존하는 자립심이 절대적이다. "건국의 아버지들" 가운데 한 사람으로 미국의 2대 대통령이었던 존 애덤스가 1776년 '미국혁명'의 주역이던 머시 오티스 워런에게 쓴 편지에 공화국에 대해 정곡(正鵠)을 찌르는 구절이 들어있었다. 그 구절엔 "공화주의"에 대한 고대 그리스와 로마의 철학이 깃들어 있다.

"국가에서 개인(private)이 없는 공공의 미덕(Public virtue)은 존재할 수 없고, 그리고 공화국의 밑바탕엔 공공의 미덕만이 존재한다."

'공화국'은 "공화주의"의 이념을 지닌 시민들에 의해 수적 우세로 뽑힌 한정된 임기의 지도자들이 법에 따라 지배하는 정치체제다. 그리고 선출된 지도자들이 통과시킨 그 법은 소수 지배계급이나 귀족들을 위한 것이 아니라, 전체 '공화국'의 이익을 위한 것이다. "직접적"이거나 "순수한" 민주주의와는 달리, '공화국'은 기본적인 시민권을 헌장이나 헌법에 못 박아 보장하고, 그 헌법은 다수에 의해서 뒤집을 수 없어야 한다. 독일 철학자 칸트도 "순수한" 민주주의보다는 "공화주의"를 선호했다. 왜냐하면, "순순한" 민주주의는 다수가 아무런 제약을 받지 않고 제멋대로 지배하는 것을 말하는데, 이는 법으로도 억제할 수가 없기 때문이다. 그러므로 기본적인 시민권인 "자유"가 빠진 "순수한" 민주주의로는 진정한 '공화국'이 될 수 없다. 또한, '공화국'은 군주제나 한 사람이 제멋대로 다스리는 것과는 정반대의 개념이다. 따라서 독재국가는 '공화국'이 될 수 없지만, 제헌 군주제는 '공화국'이 될 수도 있다는 것이 칸트의 지론이다. 중국이나 러시아, 또는 북한 같은 공산당 일당독재를 하는 나라들에 '공화국'이라는 말은 "개 발에 주석 편자"나 다름없다.

공화주의

“정의의 작품”

The Work of Justice

✪ 링컨 대통령은 1863년 11월 게티즈버그 국립묘지 설립 기념식에 참석하여, 유명한 연설문을 남겼다. 「게티즈버그 연설(Gettysburg Adress)」로 유명한 이 연설문은 당시 국무장관이던 슈어드(William H. Seward)와 링컨 두 사람이 밤새 머리를 맞댄 끝에 나온 작품이다. 이 연설문은 애국심과 민주주의, 그리고 인류의 보편적 가치를 실현한 미국의 공적이 기가 막히게 잘 표현돼있다. 그래서 미국의 아이콘적 성명서로 꼽히기도 한다. 링컨이 낭독한 연설문엔 구구절절 깊은 뜻이 스며있었다. 연설문은 인류의 보편적 가치를 바탕으로 세워진 전혀 새로운 나라가 미국이라는 말로 시작하여, 미국 사람들은 그 같이 소중한 가치를 품은 미국을 영원히 지켜내야 할 의무를 지녔다는 말로 끝을 맺는다.

“87년 전 우리의 선조들은 이 대륙에 자유 속에 잉태된 나라, 모든 사람은 평등하다는 믿음에 온힘을 다하는 새로운 나라를 탄생시켰습니다. /…/ 국민의, 국민에 의한, 국민을 위한 정부는 지구상에서 영원해야만 될 것입니다."

슈어드는 링컨의 정적으로, 대통령 선거인단 1차 투표에서 173표를 얻어 102표를 얻는데 그친 링컨에 앞섰으나, 2차 투표에서 역전되는 바람에 링컨에게 대통령직을 빼앗긴 인물이다. 안타깝게 패배한 슈어드는 켄터키 출신 촌뜨기 링컨에게 적대적 감정을 숨기지 않았는데, 그럼에도 불구하고 링컨은 그를 국무장관으로 임명했다. 하지만, 슈어드는 제정 러시아로부터 알래스카를 헐값에 사들인 유능한 인물이었다. 게다가 링컨이 암살당하자, "그처럼 탁월한 정치가는 없었다"며, 오래도록 슬퍼하기도 했다. 남군 총사령관 로버트 리 장군이 항복한 지 불과 6일밖에 지나지 않은 1865년 4월 14일, 링컨은 워싱턴의 한 극장에서 연극을 관람하던 중, 남부연합(Confederate States) 정부의 추종자였던 유명배우 존 부스에게 암살당했다. 미국의 애국시인 월트 휘트먼은 「아 함장님! 우리 함장님!(O Captain! My Captain!)」이란 시를 지어, 위대한 지도자의 갑작스러운 죽음을 슬퍼하며 울부짖었다.

✪ 미국의 남북전쟁(1861~1865)은 '링컨-더글러스 논쟁(1858년)'이 낳은 비극이었다. 미국 공화당도 이 논쟁을 통해 태어났다. 노예 소유주의 입장을 대변하던 미국 상원의원 더글러스(Stephen

Douglas)는 1854년에 매우 선동적인 주장을 내놓았다. "노예제를 택할 것인지 말 것인지를 각 주에서 투표로 결정하자"는 '주민 주권론(Popular Sovereignty)'을 내세웠던 것이다. 이에 대해 링컨은 날카롭고 매섭게 나무랐다. 80여 년 전 '독립혁명' 당시 남부가 연방정부에 합류함으로써 미국의 일부가 됐을 때, 이미 "공화주의"라는 미국의 '소중한 가치와 원칙'을 지키겠다는 성스런 계약을 맺은 것이라고 밝히고, 노예제도에 대한 자신의 입장은 바로 그 '소중한 가치와 원칙'을 지켜내는 것이라고 반박했다. 따라서 남부지역 주민들이 비록 다수결에 의해 민주적 절차를 거쳐 연방탈퇴를 결정한다 하더라도, 이는 불법이고, 배반행위이며, 결코 용납될 수 없는 일이라고 못 박았다. 링컨에게 "공화주의"는 "다수결로도 뒤집을 수 없는 신성한 가치"였다.

그 당시 남부에는 50년 넘게 노예를 부리면서 목화농장을 경영해 떼돈을 번 대농장주들이 많았다. 그러다보니 이들에게 링컨의 주장이 곱게 들릴 리 만무했다. 따라서 이들 남부 일곱 개 주는 링컨의 정책에 크게 반발하여 분리 독립을 선언하고, 곧이어 남부에 있는 연방군 기지를 공격하기에 이른다. 이렇게 시작된 남북전쟁은 북부가 노예를 해방시키기 위해 시작한 전쟁이 아니라, 남부가 분리 독립하기 위해 반란을 일으켰던 것이다. 미국 북부 사람들이 남부 사람들을 비꼬아 부르는 별명이 "반역자들(the Rebels)"인 것도 그 때문이다. 남북전쟁은 만4년에 걸쳐 62만 명이 죽어나간 참혹한 전쟁이었다. 마침내 미국역사에서 한편

미국 남북전쟁을 상징하는 그림

의 위대한 드라마가 버지니아 주의 한적한 시골마을 애포매톡스(Appomattox)에서 연출됐다. 바로 이곳에서 북군 사령관 그랜트와 남군 사령관 리가 만나 항복조인식을 가졌던 것이다. 처절했던 전투의 현장엔 승자도 패자도 없었다. 그러고는 드디어 미국 땅에 평화가 왔다. 구약성경 「이사야서」 말씀대로, 그 평화는 "정의의 작품(the Work of Justice)"이었다.

링컨 대통령이 수많은 젊은이들의 목숨을 희생시키면서까지 남북전쟁을 치렀던 것은 "미국식 공화주의"를 지켜내기 위한 고통스러운 선택이었다. 링컨은 다수결만이 최고선(最高善)이던 민주주의를 뛰어넘어 미국헌법의 '근본적 가치', 즉 "미국식 공화주의(American Republicanism)"를 지켜냄으로써, 세계의 초강대국으로 비약할 수 있는 발판을 마련했다. 지금 서유럽의 선진 여러 나라에서 채택되고 있는 자유민주주의가 바로 "미국식 공화주의"를 그 바탕에 깔고 있는 것이다. 우리나라 헌법도 "미국식 공화주의"가 그 바탕이 됐고, 헌법 제1조 1항에 그것이 뚜렷이 박혀있다.

"대한민국은 민주공화국이다."

공화주의

"의무, 명예, 국가"

✪ 미 육군사관학교 "웨스트포인트"엔, 1898년에 채택된 이래 소중히 물려 내려오고 있는 모토가 있다. 이 모토는 1962년, 맥아더 장군이 '테이어 상'을 받으면서, 미 육사 생도들에게 들려준 감동적인 연설 주제로 더욱 유명해졌다. '테이어 상'은 "웨스트포인트"의 제5대 교장이었던 테이어(Sylvanus Thayer) 대령의 공적을 기리기 위해 설립된 상이다.

"의무, 명예, 국가(Duty, Honor, Country)"

"웨스트포인트"의 모토엔, "웨스트포인트"가 추구하는 궁극적 이상들이 있다. 그건 바로 고대 로마공화국 때부터 끊임없이 이어져 내려오는 '생명, 자유, 평등, 그리고 행복추구권' 같은 인류의 보편적 가치를 좇는 신성한 전통들이다. 또한, 이 성스러운 말에는 ‘용기, 신념, 희망’을 심어주고, ‘기사도정신’, ‘상무정신’, ‘애국심’을 일깨워주는 깊은 철학이 깃들어 있다. 이러한 철학은 고대 로마 사람들 사이에서 풍미했던 피에타스(*Pietas*)에서 비롯된 것이었다. 수많은 미국의 젊은이들, 특히 “웨스트포인트” 출신 장교들은 이 모토가 추구하는 이상들을 좇아, 때론 그들의 목숨을 바치기도 했다.

그럼, 이 모토로 쓰인 말 속엔 구체적으로 어떤 뜻이 담겨있을까? “국가”는 미국의 정체성으로서 「미국 독립선언문」의 핵심 개념인 “미국식 공화주의”를 기반으로 제정된 「미연방 헌법」이고, “명예”는 중세 ‘기사도’의 핵심 주제인 ‘기사도’ 정신이라 할 수 있다. 그리고 “의무”란 서부개척 시대 때 우러나온 “매니페스트 데스티니(Manifest Destiny)”다. 하지만, 시대가 변함에 따라, 이제 서부개척시대 때 좇던 이상과는 사뭇 그 뉘앙스가 달라졌다. 오늘날 미국인들이 짊어진 “매니페스트 데스티니”는 자유와 민주주의를 미국의 전선과 전 세계에 퍼뜨려야 하는 신에게서 받은 사명으로 변했다.

✪ 고대 수메르 신화엔, 태곳적 하늘나라에 위 계급의 신들인 아눈나키와 아래 계급의 잉잉이 신들이 나온다. 그 신들 사이에서도 갈등이 있었다. 위 계급의 아눈나키가 아래 계급의 잉잉이 신들을 마치 노예처럼 부려먹었다. 하루하루 고된 일에 지친 잉잉이 신들이 이에 항의하여 들고 일어났다. 그들은 연장을 불태우고

웨스트포인트의 “플레인” 광장에서 퍼레이드를 펼치고 있는 사관생도들

아눈나키의 우두머리 "대기-폭풍우의 신" 엔릴의 집을 포위했다. 인류의 역사가 기록되기 전에도 각 부족들 사이에선 싸움이 그치지 않았다. 그땐 종족 보존과 먹고 살기 위해서 싸웠다. 인류가 깨우치기 시작하면서부터는 하늘에서 주어진 자신의 권리를 지키기 위해 싸우는 경향이 두드러진다. 그때부터 자유와 평등을 이상으로 한 "공화주의"는 인류의 꿈이자 보편적 가치가 됐다.

"공화주의"를 지키기 위한 투쟁의 역사는 2천 년이 넘는다. BC264년~BC146년 고대 로마와 페니키아 사이에 세 차례에 걸쳐 벌어진 포에니전쟁은 "공화주의"를 지키기 위해 벌인 인류최초의 투쟁이었다. 율리우스 카이사르가 일으킨 고대 로마내전(BC91~BC31)은 역설적으로 "공화주의"에 대한 역습이었다. 그 뒤, 영국의 「마그나카르타(1215년)」 서명사건, 유럽의 르네상스 시대(14세기~16세기) 때 지주들의 봉건국가와 상인 엘리트들의 도시국가 사이의 갈등, 영국의 '청교도혁명(1640~1660)'과 '명예혁명(1688~1689)', 코르시카 공화국(1755~1769)의 독립투쟁, '미국의 독립혁명(1776년)', '프랑스혁명(1789~1794)', '1848년의 유럽혁명', 미국의 '남북전쟁(1861~1865)', 2차 세계대전, 미국과 그 동맹국들의 서방진영과 소련을 주축으로 한 공산진영 사이에 팽팽하게 대립했던 '냉전시기(1947~1991)', '6·25전쟁(1950~1953)', 그리고 '베트남전쟁(1955~1975)'이 모두 "공화주의"를 지키기 위한 몸부림이었다. 이렇게, 인류 역사의 커다란 물결은 "공화주의"를 싣고 거친 물살을 헤치며 도도히 흘러가고 있다.

✪ 싸움이 그치지 않았던 인류역사에서 평화는 모든 인류의 오랜 염원이었다. 하지만, 역사적 사실은 매우 역설적이다. 평화를 구걸하거나 돈으로 평화를 샀을 때, 외려 전쟁의 신이 미소 짓기 일쑤였다. 고대 로마제국 말기(4~5세기)는 게르만족과 훈족 같은 야만족들이 로마제국을 괴롭히던 시기였다. 이 시기의 특징은 로마가 도나우 강 북쪽의 야만인들에게 돈으로 평화를 사는 것이 일상화됐던 것이다. 로마가 야만족들에게 약속한 연공을 바치지 않으면 야만족들은 언제라도 게르만방벽을 넘었고, 안전하고 명예롭게 평화를 유지할 수만 있다면 전쟁은 피해야 한다는 것이 로마 황제와 귀족들의 생각이었다. 그 야만족들은 점차 세력을 키워 에스파냐, 갈리아, 트라키아, 다키아 등을 차례로 점령했고, 마침내 로마제국을 멸망시켜버렸다. 에드워드 기번(Edward Gibbon: 1737~1794)은 그의 저서 『로마제국 쇠망사』에서 로마제국 말기의 사회상을 날카롭게 꼬집었다.

"자신들(로마인들)의 나약함을 예의나 평화라는 이름으로 변명하던 타락한 인간들은 사나운 야만족의 무력과 법률(프랑크족의 야만적인 「살리카법」) 앞에 알몸이 됐으며, 야만족들은 그들을 깔보며 그들의 재산과 자유와 안전을 해쳤다."

이 같은 역사적 배경에서 태어난 명언이 있다. 로마제국 말기(4세기 말) 때의 작가 베게티우스(Publius Flavius Vegetius Renatus)의 소책자 『군사론(*De Re Militari*)』의 3권에 실려 있는 구절이다.

"평화를 원하거든, 전쟁을 준비하라!"

(Si vis pacem, para bellum!)

이 아이디어는 고대 그리스의 철학자 플라톤이 지은 『노모이(*Nomoi*: 법)』에서도 나타난다. 이 구절은 직관과 반대되는 통찰의 개념을 품고 있다. 즉, 평화로운 상태는 필요할 땐 언제든지 전쟁을 할 수 있는 준비를 함으로써 유지된다는 것이다. 미국 국장(the Great Seal of the U.S.)의 앞면은 이 구절의 아이디어가 그림으로 표현돼 있다. 독수리의 오른쪽 발톱으론 올리브 가지, 왼쪽은 열셋의 화살 다발을 움켜쥐고 있다. 올리브 가지와 화살은 평화와 전쟁을 상징한다. 이 유명한 라틴어 구절은 여러 나라의 군부대에서 모토로 쓰이기도 한다. 이를테면, 영국 해군, 영국 공군, 노르웨이 육군사관학교, 리투아니아 무기재단, 미 해군사관학교 동기회, 미 해병대 기지 여러 곳, 미 공군기지 여러 곳에서 사용되고 있다.

미국의 국장 (앞면)

공화주의의 파수꾼들

✪ 이제 미국인들은 자신들이 이룩한 빛나는 공적, 즉 온 인류의 꿈이었던 인류의 보편적 가치를 실현시키고 삼권분립의 정치체제를 갖춘 "미국식 공화주의"를 전 세계와 공유하는 것이야말로, 그들이 짊어져야 할 "매니페스트 데스티니(숙명)"라 여긴다. 그래서 미국은 남들이 뭐라 하든, 스스로 세계의 경찰국가로 나서는 것조차 마다하지 않는다. 수많은 미국의 젊은이들이 "미국식 공화주의"가 추구하는 이상들을 좇아 그들의 목숨을 바쳤다. 그들의 숭고한 희생이 있었기에 오늘날 미국인들은 자유와 번영을 누리고 있다고 믿고 있다. 그들은 "미국식 공화주의"의 파수꾼이 되기 위해 오늘도 거리낌 없이 전장으로 달려간다.

'6·25전쟁 참전용사 기념공원(the Korean War Veterans Memorial)'에 세워진 화강암 기념비엔, 다음과 같은 머리글이 새겨져 있다.

6·25전쟁 참전용사 기념공원에 세워진 순찰 중인 19명의 미군 조각상, 장진호 전투에 참가했던 미군들을 묘사했다.

"우리(미국)는, 그때까지 알지도 못했던 어느 나라, 한 번도 만나보지 못했던 어느 국민을 지켜주려는 국가의 부름에 호응하여 주저 없이 달려간 아들과 딸들에게 경의를 표한다.

(Our nation honors her sons and daughters who answered the call to defend a country they never knew and a people they never met.)"

이 공원은 1995년 6월 미국의 수도 워싱턴의 '링컨기념관' 동남쪽에 있는 웨스트포토맥 공원 안에 세워졌다. 49m의 화강암 벽에는 6·25전쟁(the Korean War) 당시 참전용사 2,500여 명의 얼굴이 부조로 새겨져 있다. 또 이 기념공원에는 판초우의를 걸치고 순찰 중인 미군 병사 19명의 모습이 알루미늄으로 주조돼 있다. 그들은 육군, 해병대, 해군, 공군 병사들로 구성돼 있다. 조지 W. 부시 전 대통령(일명 아버지 부시)이 추진하여, 미 의회의 승인에 따라 '미국 전투기념비 위원회'가 주관하여 건립된 것들이다. 또 기념비 옆엔, 검은 바탕의 화강암 벽과 대조를 이루며 새하얀 은빛으로 새겨진 글귀가 있다.

"자유는 공짜가 아니다(Freedom Is Not Free)."

이보다 앞서 1992년엔, 워싱턴 한복판 '링컨기념관' 바로 동북쪽의 '헌법정원(Constitution Gardens)' 안에 "베트남 참전기념 조각"이라 불리는 기념조형물이 세워졌다. 나라의 부름에 따라 베트남전에 참전했다 숨진 수많은 젊은이들을 기리기 위한 것이었다. 이 기념조형물은 '세 군인 동상'과 '베트남 참전여성 동상(일명 참전 간호장교 상)', 그리고 베트남전 때 전사·실종된 5만8,272명의 명단을 새긴 '베트남 참전용사 기념벽'으로 구성돼있다. '세 군인 동상'은 미국사회를 대표하는 백인·흑인·히스패닉 계 3인으로 구성된 미 육군과 해병 군인들을 묘사했다.

✪ 미국의 몇몇 도시에선, "최승우 장군의 날"을 선포하고, 일 년에 한 번씩 이 날을 기념하고 있다. 우리나라에서도 잘 알려지지 않은 대한민국의 한 예비역 장교가 도대체 어떤 일로 이처럼 미국 시민들의 마음을 사로잡았을까? 화제의 주인공 최승우는 1965년 육군사관학교를 졸업하고 임관한 예비역 육군소장이다. 그는 30여 년간 "조국·명예·정의"를 다짐하는 '사관생도의 신조'에 따라 군인의 길을 걸어온 전형적인 야전지휘관 출신 장교였다.

"하나, 우리는 국가와 민족을 위하여 목숨을 바친다."

"하나, 우리는 언제나 명예와 신의 속에 산다."

"하나, 우리는 안일한 불의의 길보다 험난한 정의의 길을 택한다."

최 장군은 군에서 퇴역한 뒤 우연한 일로 테네시 주 녹스빌 시에 있는 재향군인병원을 방문했다. 거기서 그는 수십 년 동안 아직도 병상에서 신음하고 있는 6.25전쟁 참전 미군 부상용사들을 만났다. 오랜 세월 병상에서 신음하면서도 자유를 지키기 위해 싸웠던 것을 큰 자랑으로 여기는 그 부상용사들의 모습에 그는 한 동안 할 말을 잊었다. 그리고 부상용사들을 부둥켜안고 한참을 흐느꼈다. 이 일을 계기로, 최 장군은 1999년 이래 20년 동안 한 해도 거르지 않고 미국의 22개 주에 있는 70여 개 시를 찾아다니며 6.25전쟁 참전 미군용사들을 찾았다. 그때 가난하고 힘이 없었던 한국을 도와준 데 대해 그들에게 경의와 감사를 표시했다. 이 같은 그의 헌신적 행적은 미국 사람들에게 "한국은 은혜를 잊지 않는 나라"라는 깊은 인상을 심어주기에 충분했다. 그리고 테네시 주 2개 시(녹스빌과 클락스빌)와 텍사스 주 2개 시(템플과 킬린)에서 "최승우 장군의 날"을 선포하고 매년 기념행사로 보답해오고 있다. 테네시·텍사스·매사추세츠·오리건·켄터키·메릴랜드 등 여러 주의 주지사들은 최 장군에게 감사패로 고마움을 전했다.

미국은 왜 그때까지 알지도 못했던 어느 나라, 한 번도 만나보지 못했던 어느 국민을 지켜주려고 그토록 수많은 젊은이들의 목숨을 바쳐가면서까지 싸웠던 것일까? 지구 반대편에 있는 조그마한 나라, 당시 가난하기 그지없던 한국을 미국이 탐낼 이유가 별로 없었다. 6·25전쟁이 터지기 100여 년 전, 미국-멕시코 전쟁(1846~1847)이 벌어졌었다. 전쟁의 결과 멕시코로부터 무조건 항복을 받고도, 캘리포니아와 뉴멕시코 지역만 차지하고 나머지는 멕시코에 돌려준 미국이었다. 그땐 식민주의가 아직도 기승을 부리던 시기였다. 미국의 6·25전쟁 참전 목적은 전혀 다른 데 있었다. 2년 전 심어놓았던 "미국식 공화주의"의 씨앗을 지키기 위해 그들은 대한민국에 와서 싸웠다. 6·25전쟁 참전용사들 역시 "공화주의"의 파수꾼이었다. 독일의 영문학자 지그린데 렘케(Sieglinde Lemke) 교수의 기고문 「자유: 초국가적 아이콘(Liberty: A Transnational Icon)」에 실린 '자유의 여신상'에 대한 설명에서, 그 같은 사실이 뚜렷이 드러난다.

"미국은 스스로 그렇게 여기듯 예외적인 국가로서, '미국혁명'의 이념을 퍼뜨리는 것이야말로 그들의 사명이라고 여긴다. 그것을 보여주는 자연스러운 상징물이 바로 '자유의 여신상'이다."

이제 대한민국은 그들이 심었던 "미국식 공화주의"가 뿌리를 내리기 시작했고, 원조를 받던 나라에서 원조를 주는 나라로 보란 듯이 세계에 우뚝 섰다. 오늘날 미국으로서는 그 이상 보람된 일이 아닐 수 없을 것이다.

공화주의

목숨보다 값진 파수꾼들의 명예

✪ "국가의 부름"에 주저 없이 전장으로 달려가는 미국의 젊은이들의 '도덕코드'는 오직 '국가'와 자신의 '명예'뿐. 명예야말로 그들에겐 생명이나 마찬가지다. 무릇, 군인이란 이 세상에서 그 무엇과도 바꿀 수 없는 자신의 목숨을 담보로 하는 직업이다. 이같이 목숨보다 귀중하게 여기는 군인들의 명예는 유럽의 중세 '기사도'에서 비롯됐다. 역사학자 하위징아의 말대로, 중세의 기사들에겐 명예야말로 고귀한 삶의 버팀목이었다. 그래서 군인에게 주는 최고의 무공훈장을 "명예의 훈장(Medal of Honor)"이라고 일컫는다. 이 훈장은 미국 남북전쟁 중인 1861년 링컨 대통령 때 제도화됐는데, 똑같은 뜻을 지닌 프랑스의 "레종 도뇌르(la Légion d'honneur)"를 본뜬 것이었다. "레종 도뇌르"는 1803년 나폴레옹 보나파르트가 처음 만들었다. 그래서 "공화주의"를 지키는 파수꾼, 즉 군인들에 대한 미국 사람들의 정서는 영웅들을 우러러보

는 오마주다. 미국의 하버드, MIT, 프린스턴 같은 명문대학에서도 전몰자들의 이름을 새겨놓고 그들을 기리고 있다. 또한, 미국엔 전장에서 스러진 전몰자들의 유해를 세계 어느 곳이든 끝까지 찾아내어 "영웅들의 땅" 국립묘지로 모셔오는 전통도 있다.

이러한 추모의 전통은 비단 미국에만 있는 것이 아니라, 유럽 선진국들에서도 흔히 찾아볼 수 있는 일이다. 예컨대, 프랑스의 경우에도 각 카운티나 마을 스스로 그곳 출신 전몰자 추모비를 세워놓고 기린다. 이렇듯, 자유와 평등을 지키려다 스러져간 전몰자들을 기리는 전통은 서구사회에선 그 뿌리가 깊이 내려져있다. 유럽인들 가운데서도 특히 지도층에 있는 사람들은 고대 로마시대 때부터 내려오는 "노블레스 오블리주"의 전통에 따라, 자기네 나라와 "공화주의"를 지키기 위해 죽는 것을 가장 큰 영예로 여겼다. 그래서 살아남은 사람들이나 후손들은 그 전몰자들에 대해서는 각별한 예우로 그들을 기린다. 영국의 명문 이튼칼리지는 학교 예배당과 회랑에 이 학교 출신 전몰자들의 명단을 적은 '명예의 명부(Rolls of Honor)'를 걸어놓고 이들을 기리고 있다. '명예의 명부'에는 이런 글귀도 씌어있다.

"당신들의 내일을 위해, 우리는 우리의 오늘을 바쳤다."

(For your tomorrow, we gave our today.)

✪ 미국의 수도 워싱턴에서 켄터키 주 녹스빌로 가는 비행기엔, 2006년 이라크 전에서 부상한 미군중사 브라이언 갠스너(Bryan Gansner)와 그의 아내 셰릴(Sheryl)이 타고 있었다. 브라이언은 이라크에서 작전 중 사제 차량폭탄이 터져 중상을 입었다. 101공수사단 동료대원 40명이 줄줄이 헌혈하여 겨우 목숨을 구했다. 미국방부 관계자는 즉시 남편의 부상 사실을 아내 셰릴에게 알렸고, 정신적 패닉에 빠진 그녀에게 주치의는 물론 국방부 관계자, 이웃에 사는 다른 군인 부인들까지도 수시로 위안의 말을 전해왔다. 갠스너 중사는 야전병원에서 응급수술을 마치고, 수도 워싱턴에 있는 월터리드 미군메디컬센터로 후송됐다. 그리고 그곳에서 수개월간 치료를 받은 뒤 퇴원하여 고향으로 가던 길이었다. 기장의 기내방송이 승객들의 귀에 울려 퍼졌다. 기장의 기내방송이 끝나기가 무섭게, 모든 승객들은 자리에서 일어나 이들에게 큰 박수를 보냈다.

"오늘 우리 비행기에 영웅 한 분이 타셨습니다. 브라이언입니다. 승객 여러분, 우리의 영웅과 그의 부인을 잊지 맙시다. 군인의 부인이라는 것은 미군 중에서도 가장 힘든 역할일 것입니다."

집에 도착하자, 그를 처음 맞이한 건 집 앞에 걸린 "환영"이라는 플래카드였다. 정부에서 테네시 주 녹스빌에 새 집을 마련해주고, 재향군인회(VA)에서는 브라이언이 휠체어를 타고 생활할 수 있도록 집 내부도 수리해 놓았다. 그 뒤에도 꾸준히 각종 사회단체, 국가와 지역 주민들이 발 벗고 나서서 이들 부부를 물심양면으로 도왔다. 나라 위해 몸 바친 이들을 위해 미국사회의 시스템은 이렇게 소리 없이 작동하고 있었다. 2011년 9월 28일 브라이언은 미 대통령의 이름으로 군 전사자나 부상용사에게 주는 최고 무공훈장인 '퍼플하트(Purple Heart)'를 받았고, 3개월 뒤 셰릴도 '몰리 피처 명예훈장(Honorable Order of Molly Pitcher)'을 받았다. 브라이언은 2008년 3월 정부 지원으로 어느 방위산업체에 취직했다.

미국정부는 「퍼플하트 무공훈장 법(the Military Order of the Purple Heart)」에 따라, 군 복무기간 동안 전사하거나 부상당한 모든 사람들을 기리기 위해, 1992년에 50개주와 푸에르토리코·괌 전역에서 '퍼플하트 트레일(Purple Heart Trail)'이란 도로이름을 쓰도록 법을 개정했다. 이를테면, I-35 연방하이웨이의 텍사스 주를 남북으로 가로지르는 구간의 '퍼플하트 트레일'은 이 법에 따라 붙여진 이름이다. 이처럼 미국정부와 사회가 "공화주의"를 지키기 위해 싸우다가 죽거나 부상당한 군인들에 보여주는 사랑과 지원은 우리의 상상을 뛰어넘는다. 미국의 막강한 저력도 따지고 보면, 국가의 부름을 받고 달려가 싸우다 죽거나 부상당한 이들을 국가와 사회가 끝까지 책임지고 보살펴주는 데 힘입은 바가 크다는 생각이 든다.

✪ 미국에선 조국을 위해 군에서 복무하고 있는 군인들에겐, 여객항공기 탑승 때 맨 먼저 탈 자격이 주어진다. 때론, 항공사 직원 및 승무원들은 군복무를 하는 군인들에게 고마움을 나타내 보이기도 한다. 이러한 관행은 미국의 항공사들이 스스로 정한 방침을 따른 것이다. 이처럼 국가나 사회는 말할 것도 없고, 일반시민들도 군인들에 대한 경의는 한 치도 모자람이 없다. 군에 복무하는 군인에 대한 미국시민들의 정서를 잘 보여주는 얘기 몇 토막이 있다.

2013년 11월, 13명의 미 해병대원 일행이 시카고 오헤어 국제공항에서 따뜻한 환영을 받았다. 그 해병대원들은 아프가니스탄의 전장에서 5일 간의 휴가를 얻어 오헤어 공항을 거쳐 고향 샌디에이고로 가는 길이었다. 볼티모어에서 온 아메리칸 항공의 비행기가 공항 활주로에 착륙하여 계류장으로 이동하는 동안, 기다리던 소방차가 비행기에 물대포를 쏴 물줄기 아치를 그려 환영했다. 그리고 항공사 직원들과 다른 사람들이 박수의 통로를 만들어 비행기에서 내리는 그 해병대원들에게 경의를 표했다. 74세의 예비역 해병대원이며 USO 자원봉사자인 존 콜라스는 이렇게 말했다.

"사람들이 집으로 돌아오는 이 젊은이들을 잊지 않고 있다는 것을 그들이 깨닫게 해주고 싶었다."

아프가니스탄 전장에서 휴가를 얻어 고향으로 가는 13명의 미 해병대원들,
아메리칸 항공사 제공.

아름다운 얘기는 여기서 그치지 않는다. 아메리칸 항공은 좌석이 남을 땐 군인들에게 좌석승급을 해주는 방침이 있어서, 일반석에 탔던 해병대원들 가운데 여섯은 이미 일등석으로 승급이 됐다. 하지만, 나머지 일곱은 그냥 일반석에 앉을 수밖에 없는 처지였다. 그때 항공사 직원 한 사람이 탑승 대기실에서 대기 중인 승객들에게 방송으로, 이들 해병대원들을 환영하는 데 함께 하자며 도움을 요청했다. 그러자, 일등석 승객 일곱이 자원하여 자신들의 좌석을 양보했다. 이렇게 열세 명의 해병대원들은 모두 함께 일등석의 특별대우를 받으며 고향 샌디에이고까지 갈 수 있었다.

또, 이런 일도 있다. 2014년 10월, 미 서부 포틀랜드에서 동부 샬롯까지 가는 US에어웨이즈 항공기 안에서 벌어졌던 일이다. 미 공수특공대 소속 일등상사가 각종 훈장과 메달들이 주렁주렁 매달린 제복상의를 구겨지지 않도록 옷장에 걸어달라고 여승무원에게 부탁하자, "옷장은 일등석 승객용"이라며 거절당했다. 이에 일등석 승객들이 너도나도 자리를 양보하겠다고 나서서 큰 소란이 벌어졌다. 그 제복상의를 일등석 옷장에 거는 것으로 그 해프닝은 끝났지만, 수많은 탑승객들이 SNS를 통해 그 항공사를 맹비난했다. 결국, 그 항공사는 백배사죄해야만 했다.

2014년 6월, 오스카 상 후보자였던 여배우 에이미 애덤스는 그녀의 일등석 티켓을 한 미군의 일반석과 맞바꿔 사람들을 놀라게 했다. 군인 가정에서 자란 이 여배우는 디트로이트에서 로스앤젤레스로 가는 항공편의 승객이었다. 에이미는 그해 〈아메리칸 허슬(American Hustle)〉에서 시드니 역으로, 오스카 상과 아카데미 상의 최고 여배우 상 후보에 올랐다. 또 박스오피스에선, 〈맨 오브 스틸(Man of Steel)〉의 루이스 레인 역으로 크게 히트했다. 이처럼, 제복차림의 군인을 어떻게든 더 예우해주려는 미국사회의 분위기는 모든 미국 군인들에게 긍지와 자부심을 불어넣어주고, 그들의 사기를 북돋아 주는 요소가 되고 있다.

"젊고 야만적인" 대중문화

2009년 호놀룰루 알로하 스타디움에서 벌어진 NFL 경기의 한 장면,
카디널스(애리조나) 팀과 세인츠(뉴올리언스) 팀이 서로 공을 다투고 있다.

- 세계인의 입맛
- 캐주얼웨어
- 할리우드(Hollywood)
- 몸으로 듣는 음악

"팍스 아메리카나"의 힘은 어디서 나오는 것일까? 흔히들 미국의 월등한 경제력과 군사력에서 나오는 것으로 여기고 있다. 하지만, 그에 못지않게 영화, 음악, 패션, 스포츠, 심지어는 음식 같은 미국의 대중문화가 세계인들의 취향을 사로잡고 있다는 사실은 곧잘 놓치곤 한다. 세계인의 입맛을 사로잡은 햄버거 같은 패스트푸드, 블루진이나 운동화 등의 캐주얼웨어, 그리고 팝뮤직, 재즈, 힙합, 같은 몸으로 듣는 음악 등은 모두 미국이 본고장이다. 할리우드는 미국문화를 세계에 퍼뜨리는 전초기지 역할을 하며, 세상 사람들에게 미국은 항상 정의의 편이라는 인식을 심어주기도 했다. "21세기의 노스트라다무스" 조지 프리드먼 교수는 자신의 저서『100년 후』에서, 세계는 지금 "젊고 야만적인" 미국문화가 세계를 지배하고 있는 '미국중심의 시대'라면서, 21세기를 알려면 미국을 배워야한다고 주장한다. 이미 우리 일상생활에도 깊숙이 파고든 미국 대중문화의 뿌리를 파헤쳐 그 본질을 밝혀낸다.

“젊고 야만적인” 대중문화

세계인의 입맛

✪ 햄버거의 원조는 몽골이다. 유목민인 몽골 사람들은 갈아 다진 양고기를 말안장에 싣고 다니다가, 시장할 때 소금이나 후추를 뿌려 먹곤 했다. 칭기즈칸의 손자인 쿠빌라이 칸이 러시아를 점령하면서 다진 고기 문화가 그곳에 전해졌고, 다시 14세기에 러시아에서 독일로 전해진 것이 그 유래였다. 문화는 이처럼 돌고 도는 것이다. 풍요의 상징인 미국에서 그들의 음식문화는 한마디로 온갖 자본주의적 특징이 버무려진 상차림이라 할 수 있다. 어찌 보면 음식을 즐기기 위해 일하는 것이 아니라, 마치 일하기 위해 먹는 것처럼 보이기도 한다. 근로자들은 생산성을 높이기 위해 먹는 시간조차 매우 짧다.

이런 현상이 패스트푸드가 생겨난 이유인 듯 보이지만, 미국의 역사를 자세히 살펴보면, 꼭 그런 것만도 아니다. 모든 것이 제대로 갖춰져 있지 못한 “와일드 웨스트” 시절, 일을 할 때나 여행할

카타르 두칸 시에 있는 맥도날드 매장

때 제대로 된 음식을 먹기란 힘든 일이었다. 그러다 보니, 주로 베이컨·햄·비프저키 같은 훈제고기와 케이크, 묽은 커피 등 아주 간편한 음식을 먹을 수밖에 없었다. 코카콜라(Coca-Cola)는 1880년대에 처음 나왔고, 햄버거는 즉석 음식으로 1904년 세인트루이스 국제박람회 때부터 본격적으로 등장했다. 미국인들의 이러한 생활양식은 검약한 생활을 강조하는 "청교도정신"과 어우러져 오늘날의 패스트푸드 문화로 발전한 것으로 보인다.

세상이 빛의 속도로 변해감에 따라, 인류의 생활양식도 스피드를 요구하게 됐다. 당연히 먹는 것도 간편하고 빠른 것을 선호하게 되면서, 미국의 패스트푸드 문화가 전 세계로 빨리 퍼져나갔다. 그 바람에, 미국 같은 커다란 시장에서 체력을 다진 패스트푸드와 식음료회사들은 공룡처럼 커졌다. 이제는 세계 곳곳에 그들의 매장이 없는 나라가 드물 정도가 됐다. 햄버거의 대명사격인 맥도널드(McDonald's)는 세계 일등 프랜차이즈로 성장, 2018년 말 현재 120개국에 3만7,800 개소가 넘는 매장을 두고, 하루 6,900만 명이 넘는 고객을 확보하고 있다. 영국의 윈저 성(Windsor Castle), 중국 상하이에 있는 1559~1577년 명나라 때 어느 고관의 별장정원 위위안(豫園), 체코 프라하에 있는 공산주의 박물관, UNESCO문화재로 등재된 이탈리아 토스카나 지역에 있는 피아짜 마테오티(Piazza Mateotti), 심지어는 이집트의 사막지대에 있는 카르나크 사원에까지도 맥도날드 점포가 들어서있을 정도다. 이

제 맥도날드, 스타벅스, 그리고 코카콜라는 미국문화의 상징을 넘어, 세계의 보편적인 문화로 자리 잡았다. 맛도 맛이지만, 편의성, 가격, 간편성 등에서 세계인들의 입맛을 사로잡은 것이다. 심지어는 세계 각국의 물가와 환율 수준을 측정하는 데에도, 영국 『이코노미스트』지가 개발한 "빅맥 지수(Big Mac Index)"와 "스타벅스 톨-라떼 지수(Starbucks Tall Latte Index)"를 사용하기에 이르렀다.

✪ 미국 패스트푸드 산업은 가끔씩 그들과 다른 역사와 문화적 배경을 가진 나라들에서 문제를 일으키기도 한다. 몇 해 전, 중국의 수도 베이징에 있는 거대한 옛 궁전 자금성 안에 스타벅스 커피 매장이 들어서 영업을 해 오고 있었다. 그런데 중국텔레비전방송국(CCTV) 소속의 한 피디(PD)가 자신의 블로그에 이를 못 마땅히 여기는 글을 올렸고, 이에 자극 받은 중국정부는 스타벅스 측에 자금성의 별명인 "고궁(古宮)"이라는 이름으로 바꿔서 영업할 것을 강요했다. 이에 스타벅스는 회사의 정체성과 자존심을 지키기 위해, 아예 자금성에서 점포를 철수시켜버리고 말았다. 또한 스타벅스는 영국에서 엄청난 이익을 챙기면서도 교묘하게 탈세하는 수법으로 세금을 한 푼도 내지 않아 영국 시민들의 거센 비난에 부딪히기도 했다. 세계인들의 입맛을 사로잡았던 패스트푸드도 이제는 비만의 주범으로 낙인찍혀 쫓겨날 위기에 몰렸으니, "세상에 영원한 것은 없다"는 진리를 새삼 느끼게 한다.

캐주얼웨어

✪ 우리에겐 청바지로 더 친숙한 "블루진(Blue jeans)", 또는 그냥 "진"은 오늘날 성별이나 세대를 떠나 전 세계인들이 즐겨 입는 캐주얼웨어다. 이 청바지의 역사는 미국 "서부개척" 시대, 즉 "아메리칸 올드 웨스트"로 거슬러 올라간다. 1873년 제이콥 데이비스(Jacob Davis)와 리바이 스트라우스(Levi Strauss)가 거친 일을 하는 카우보이와 광부들을 위해 발명했다. 내구성이 강한 질긴 면을 소재로 디자인된 것도 그 때문이었다. 그 뒤 공장 노동자들이 즐겨 입었고, 제2차 세계대전 때엔 군인들이 멜빵바지로 근무시간 외에 즐겨 입곤 하면서, 차차 민간인들 사이에서도 유행하게 됐다. 세계적으로 유명한 청바지 브랜드인 리바이스(Levi's), 리(Lee), 랭글러(Wrangler), 벅카루(Buckaroo), 캘빈클라인(Calvin Klein), 게쓰(Guess), 디젤(Diesel) 등은 모두 미국회사들의 것이다.

1950년대에 들어서 당시 유명했던 영화배우 제임스 딘이 영화 〈이유 없는 반항〉에서 청바지를 입고 등장해, 반항적인 젊은 이들의 상징이 되기도 했다. 그 때문에 당시엔 극장이나, 학교, 레스토랑 같은 공공장소에서 청바지를 금지한 적도 있었다. 그 뒤, 1960년대에 완화되기 시작해서, 1970년대에 들어, 미국에서 캐주얼웨어는 마침내 보편적인 패션으로 자리 잡았다. 청바지는 원래 실용성과 가격에 중점을 둔 상품이었다. 1885년 당시 가격은 1달러 50센트로, 2010년의 화폐 가치로는 36달러 정도 된다. 요즘 미국에서 쎄일 가격으로는 두 벌에 40달러 정도면 살 수 있다. 그러나 유명 디자이너 브랜드 청바지의 경우, 수백 달러에서 비싸게는 800달러까지 가는 것도 있다. 실용패션의 대명사였던 청바지의 역사에도 큰 변화의 바람이 불고 있다.

✪ 영국의 리복(Reebok), 독일의 아디다스(Adidas)와 더불어, 세계 스포츠화 업계를 주름잡고 있는 미국의 나이키(Nike) 또한 스포츠웨어업계의 공룡기업이다. 신발 제조는 노동집약형 산업이어서 우리나라에서도 오래 전에 퇴출된 바 있는 사양산업 군에 속한다. 그러나 나이키는 단순기능의 신발제품을 고기능성과 패션을 추구한 고급 제품으로 탈바꿈시켰다. 특히 소비자들의 감성을 움직이는 독특한 마케팅전략을 세워 비약적인 성장을 거듭한 끝에, 1997년도에 80억 달러이던 매출액이 2018년도엔 360억 달러를 넘어섰다. 1980년대 들어 농구의 마이클 조단과 테니스의 매켄로를 시작으로, 1996년부터는 골프천재 타이거 우즈와 같

은 스포츠계 슈퍼스타들을 내세워 광고에 이용했다. 이들에게는 천문학적으로 높은 액수의 광고개런티가 지불됐다는 것이 정설이다.

한편, "노동착취 공장(Sweatshops)"의 오명으로 나이키에 대한 비판 또한 거세다. 중국·베트남·인도네시아·멕시코 등지에 있는 나이키 하청공장에서는 형편없이 낮은 임금 문제로, 캄보디아·파키스탄에 있는 하청공장에서는 미성년 아동 취업과 열악한 근로조건 문제로 비난받았다. 한 켤레에 100달러씩이나 하는 나이키 운동화를 하루에 수십 켤레씩 만드는 동남아 지역의 공장 근로자에게 지급되는 일당은 고작 몇 달러에 불과하다. 반면에, 슈퍼스타 한 사람의 광고개런티는 연간 1억 달러가 넘는다. 이는 평등과 인권을 중요한 가치로 여기는 미국의 이미지에 먹칠하는 비즈니스 관행이다. 이것이 바로 자본주의의 폐단이라는 비판의 목소리도 나온다. 물론 외국의 하청공장에서 벌어진 일이어서, 나이키와 직접적인 관련을 지울 수 없다고 말할 수도 있겠지만, 초일류기업 나이키의 명성엔 흠이 아닐 수 없다. 그 때문에 타락한 자본주의의 상징으로 뭇 사람들의 입방아에 오르기도 한다.

“젊고 야만적인” 대중문화

할리우드

Hollywood

✪ 미국을 빼놓고는 영화를 말할 수 없다. 영화는 애초에 프랑스의 뤼미에르 형제가 1895년 활동영화 〈뤼미에르 공장을 떠나는 노동자들〉을 제작하여 파리의 ‘살롱 인디엥 뒤 그랑카페’에서 상영했던 것이 세계 최초지만, 영화를 발전시키고 꽃피운 곳은 미국이었다. 미국영화의 역사는 무성필름 시대(1895~1929), 고전적 할리우드(1917~1960), 새로운 할리우드(1960중후반~1980초), 그리고 컨템퍼러리 시기(1980~현재)로 구분된다. 1894년에 토마스 에디슨이 영화촬영기 키네토스코프(Kinetoscope)를 발명하면서 영화의 상업화가 시작됐다. 초기에는 뉴욕·시카고·플로리다·캘리포니아·쿠바 등이 영화촬영의 주 무대였던 때도 있었다.

하지만, 키네토스코프의 특허료 문제가 터지자, 대부분의 영화 제작사들이 그 특허료를 내지 않아도 되는 남부 캘리포니아의 로스엔젤리스로 1912년까지 자신들의 제작시설을 모두 옮겨버렸

키네스토스코프 영화촬영기의 뒤쪽 내부 모습,
기계의 꼭대기에 있는 구멍을 통해서 한 번에 한 사람씩 볼 수 있었다.

다. 물론 따뜻하고 일조량이 많아 야외촬영에 적합한 조건도 한몫 거들었다. 그곳이 바로 할리우드다. 1940년대 중반에 접어들자, 그들이 세운 스튜디오에선 연간 400편의 영화가 쏟아져 나왔고, 영화 관람객은 주당 9,000만 명에 이르는 등, 바야흐로 할리우드는 전성기를 맞이했다. 이때 대부분의 할리우드 영화들은 웨스턴(서부활극), 슬랩스틱 코미디, 뮤지컬, 애니메이션, 전기영화라는 공식으로 굳어졌다.

✪ 미국 영화계가 1930~1950년대에 걸쳐 누렸던 "할리우드 황금기" 시절, 스튜디오를 가진 영화사들은 어마어마한 부를 축적해, 전 미국의 극장들까지 독차지해가며 미국 영화계를 좌지우지했다. 당시 "빅5" 스튜디오는 MGM, 파라마운트, RKO, 워너브라더스, 그리고 20세기폭스였다. 이들은 심지어 유명배우들과 제작 기술진들을 모두 전속계약으로 묶어버리기도 했다. 이때, "빅5"에 끼지 못한 유니버설 스튜디오, 유나이티드 아티스트, 컬럼비아는 "리틀3(Little Three)"로 연명하고 있었다. 그러나 1940년대 말에 들어서 영화제작과 상영을 분리하게 만든 「연방 반독점법(Sherman Anti-Trust Act)」과 텔레비전의 발전으로 "빅5" 스튜디오의 횡포는 점차 잦아들었다.

미국의 '박스오피스 모조(Box Office Mojo)'가 2019년 기준으로 꼽은 역대 가장 유명한 영화 톱10 가운데 절반이 "할리우드 황금기" 전후의 작품들이다. '박스오피스 모조'는 박스오피스의 매출을 시스템과 알고리즘을 통해 추적하는 웹사이트다. 〈백설공주와 일곱 난장이(1937년)〉 〈바람과 함께 사라지다(1941년)〉 〈십계(1956년)〉 〈닥터 지바고(1965년)〉 〈사운드 오브 뮤직(1965년)〉 등, 불후의 명작들이 이때 쏟아져 나왔다. 그 뒤에 나온 것으로 톱10 안에 든

유니버설 스튜디오의 입구

것은 〈엑소시스트(1973년)〉 〈죠스(1975년)〉 〈E.T.(1982년)〉 〈스타워즈(1977년)〉 〈타이타닉(1997년)〉 등이 있다. 와이드스크린 기술을 이용한 웅장한 장편영화들은 그 뒤 〈E.T.〉 〈타이타닉〉 같은 초대형 블록버스터(Blockbuster)로 이어졌고, 요즘은 장편 SF영화 〈아바타(2009년)〉나 SF스릴러 〈인셉션(2010년)〉처럼 가상현실(virtual reality)을 기반으로 한 디지털 3D가 대세다.

1990년대부터 홈비디오가 나오고 곧이어 DVD가 출현하면서부터, 영화계에 새로운 길이 열렸다. 미국 영화계는 극장이라는 국한된 장소를 벗어나 새로운 활로를 찾아 나섰다. 그 결과, 1997년 넷플릭스(Netflix)가 출현했다. 본디 DVD 대여서비스를 주 사업으로 시작했던 넷플릭스는 이제 가입자들을 모아 그들에게 영화나 TV 프로그램들을 온라인 스트리밍으로 배급한다. 나아가, 영화나 드라마, 또는 게임 프로그램들을 직접 제작하기도 한다. 넷플릭스는 2018년 기준으로 연매출액 160억 달러, 당기순이익 12억 달러, 종업원 7,000여 명에 이르는 글로벌 공룡기업으로 자라났다.

✪ 요즘, 예술과 스포츠계의 뛰어난 아티스트나 선수를 "스타" 또는 "슈퍼스타"라 부른다. 이 어원은 1907년 "뮤직홀 전쟁"으로 불리는 영국의 뮤직홀 홀본 엠파이어(Holborn Empire)에서 일어났던 파업 때로 거슬러 올라간다. 그 당시 예술가들은 자신과 스텝들이 받는 열악한 처우에 대해 홀본의 경영주에 반기를 들었다.

그때 예술가들이 스스로를 "스타"라 부르면서, "스타"란 말이 태어났다. 영화계에서 "스타"는 1924년 "세기의 미남배우"로 알려진 루돌프 발렌티노가 처음이었고, "할리우드 황금기"를 대표하는 수많은 "슈퍼스타"들이 그 뒤를 이었다.

"할리우드의 제왕" 클라크 게이블, "미국의 아이콘" 존 웨인, "세기의 미녀" 엘리자베스 테일러, "영원한 소녀" 오드리 헵번, "가장 성실한 여배우" 잉그릿 버그만, "섹스 심벌" 마릴린 먼로, "세기의 반항아" 제임스 딘, 〈바람과 함께 사라지다〉 속의 "스칼릿 오하라"로 더 유명한 비비안 리, "말 수 적은 철학자" 게리 쿠퍼, "할리우드의 황금기"를 마감한 커크 더글러스, 〈벤허〉의 찰톤 헤스턴 등, 일일이 들먹이기도 벅차다. 말 그대로 하늘의 별만큼이나 많다. 그런가 하면, 1970~1980년대에는 명성과 부를 쌓은 "할리우드 스타"들이 정치에 발을 들여놓기 시작했다. 제인 폰다는 '베트남 전쟁'을 반대하는 정치적 소신파가 됐고, 영화배우였던 로널드 레이간은 캘리포니아 주지사를 거쳐 미국 대통령이 됐으며, 아놀드 슈워제네거 역시 2003년 캘리포니아 주지사로 진출했다.

✪ 우루과이 라운드(UR)협상 당시, 프랑스를 비롯한 EU국가들은 그 중요성을 강조하던 농산물 분야를 포함한 몇몇 분야에 대해서는 미국과 합의를 봤지만, 영화를 비롯한 시청각분야에서만큼은 아리송한 표현으로 에두르며 결코 합의해주지 않았다. 영화

는 경제적 이익이 클뿐더러 문화적 영향력 또한 막강하여, 소프트파워의 한 수단으로서도 매우 중요한 위치를 차지하고 있기 때문이다. 사실, 1912년까지 미국 영화계는 국내시장에 몰두했었다. 1906년에 비타그래프 스튜디오 같은 미국 영화배급회사들은 해외 배급망을 구축하기 시작했다. 그들은 영국에서 좋은 성과를 거둬, 1911년까지 미국영화가 차지한 시장점유율은 거의 70%에 다다랐다. 독일, 호주-뉴질랜드 등지에서도 꽤 높았다. 1920년대 중반에 이르러 그들의 영역이 엄청나게 커졌다. 이에 위기를 느낀 국가들이 자기 나라의 영화산업을 보호하기 위해 스크린쿼터제를 시행했다. 하지만, 현재까지 이 스크린쿼터를 유지하고 있는 나라는 우리나라를 비롯하여 그리스·브라질·스페인·파키스탄·이탈리아·프랑스 등이 전부다. 현재 자국영화의 국내시장 점유율이 50%를 넘는 나라는 전 세계에서 이란, 인도, 이집트, 중국, 터키, 인도네시아, 그리고 일본뿐이다. 우리나라는 1967년에 처음 스크린쿼터 제를 시행했는데, 우리나라 영화의 국내시장 점유율은 42% 정도로 꽤 높은 편이다.

세계 영화시장 규모는 2018년 기준으로 어림잡아 연간 1,360억 달러에 이른다. 영화는 100여 국가에서 연간 1,800여 편이 제작되고, 전 세계 티켓 판매량은 연간 35억 장에 다다른다. 세계 인구의 절반이 일 년에 한 번 이상 영화를 관람하는 셈이다. 여기에 비디오 프로그램 제작 판매, 첨단영상기기, 캐릭터 상품 등, 직간접으로 연관된 산업까지 포함하면, 그 시장 규모는 그보다 훨씬 웃돈다. 때문에, 미국은 영화산업을 항공우주산업과 똑같은 비중을 둘 정도로 중요 전략수출산업으로 꼽고 있는 형편이다.

✪ 미국영화는 자본주의 사회의 산물이므로, 근본적으로 시장친화적인 상업주의 색채가 강할 수밖에 없다. 그러니 돈이 되는 것이라면 어떠한 테마도 마다하지 않는다. 동시에, 교훈적이고 애국적 측면이 강한 장르 영화도 많이 만들어내고 있다. 이런 부류의 영화는 미국은 항상 정의의 편에 서고 상대방을 악의 축으로 몰아, 끝내는 정의가 승리하는 것으로 마무리된다. 서부활극, 역사와 전쟁물, SF(공상과학)영화, 그리스도교적 사랑과 희생정신을 밑바탕으로 만든 영화 등에서 이런 경향이 두드러진다. 이렇듯 미국영화는 세상 사람들에게 미국은 항상 정의의 편이라는 인식을 심는 도구로 활용되기도 했다. 옳고 그름을 떠나, 이것이 바로 문화의 힘인 것이다.

시대에 따라 조금씩 차이를 보이긴 하지만, 수많은 할리우드 영화들은 그 추구하는 가치엔 한 치의 변함도 없었다. 할리우드 영화는 미국문화의 중요한 부분을 차지하고 있으면서, 동시에 미국문화의 확장에도 상당한 역할을 해낸 것이다. 미국문화에 비판적인 문학이론가 에드워드 사이드(Edward Saïd) 교수는 그의 에세이집 『문화와 제국주의(Culture and Imperialism)』에서, '문화제국주의'를 설명하는 데에 할리우드 영화를 한 예로 들기도 했다. 할리우드는 미국문화를 세계에 퍼뜨리는 전초기지라 해도 지나친 말이 아니다. 그 때문에, 할리우드 영화는 때론 다른 나라들과 문화적 충돌을 빚기도 한다. 이러한 미국의 '문화제국주의'에 반기를 든 나라가 중국이다. 민족주의 성향이 강한 중국관객들 때문에, 미국영화에 중국인이 나오는 장면이 추가된다거나, 중국인 악당들이 다른 나라 사람들로 바뀐 중국판이 별도로 제작되기도 한다.

시대가 변해서일까? 이제 미국 영화계에도 커다란 변화의 조짐이 보인다. 이제까지 미국중심의 시장친화적인 '아카데미상(Academy Awards)'은 백인미국인들 위주의 잔치였지만, 올해는 92년의 아카데미 역사상 처음으로 그런 관례가 깨졌다. 92회 '아카데미상' 시상식에서 봉준호 감독의 한국영화 〈기생충(Parasite)〉이 작품상, 감독상, 국제영화상, 각본상 등, "오스카"의 4관왕이 됐다. "오스카(the Oscar)"는 기사(騎士)를 아르데코 양식으로 빚은 작은 조각상의 트로피다. '아카데미상'은 미국의 영화예술과학아카데미(AMPAS)에서 1929년에 설립한 상으로, 수상자는 해마다 전세계 영화계에서 거둔 뚜렷한 업적에 대해 각 분야별로 "오스카" 트로피를 상으로 준다. 그래서 '아카데미상'은 '오스카상'으로도 불린다. 수상자는 아카데미 회원들을 대표하는 투표인단의 투표로 선정된다.

"젊고 야만적인" 대중문화

몸으로 듣는 음악

✪ 시대가 변해서 그런지, 아니면 음악이 시대를 바꿔놓았는지는 모르겠지만, 요즘 음악은 귀가 아니라 몸으로 듣는 것이 대세인 듯하다. 대규모 음악콘서트에 모인 수많은 청중들은 모두가 일어서서 온몸을 흔들며 열광을 한다. 심지어 교회에서도 신자들이 손뼉치고 춤추며 찬송가를 부른다. 몸으로 듣는 음악이라면, 단연코 미국이 그 선두에 서있다. 팝뮤직, 재즈, 그리고 힙합을 비롯한 온몸으로 듣는 음악은 거의 대부분 미국에서 비롯됐으며, 미국이 세계를 주름잡고 있는 문화의 또 다른 축이기도 하다.

오늘날 전 세계 대중음악의 대명사인 팝송은 실은 1940년대 말~1950년대 초 미국에서 생겨난 미국의 록큰롤(Rock'n Roll)이 그 원조다. "록음악" 또는 그냥 "록"으로도 불린다. 제2차 세계대전을 계기로 영국으로 건너가 큰 인기를 끌게 됐고, 1950년대 들어 거기서 팝뮤직(Pop music)이란 이름을 얻었다. 팝뮤직은 "팝송" 또는 그냥 "팝"으로도 불린다. 1950년대 말, 미국에서는 "록큰롤의 제왕" 엘비스 프레슬리 때 전성기를 맞았으나, 곧 영국에 그 주도권을 빼앗기고 만다. 1960년대에는 "멋쟁이 사인방(Fab Four)"으로 불리던 '비틀즈'나 "세계에서 가장 위대한 밴드"라는 '롤링스톤' 같은 영국의 음악밴드들이 미국에서까지 선풍적인 인기를 끌었다. 이에 놀라서였는지 아니면 시샘 때문이었는지, 미국인들은 이를 두고 "영국풍의 침공(British Invasion)"이라 불렀다. 오늘날 팝은 록, 쏘울, 힙합, R&B, 하우스, 테크노, 메탈, 컨트리를 모두 아우른다는 것이 『모던 팝 스토리』의 저자인 음악 저널리스트 밥 스탠리의 생각이다. 밥 스탠리는 10여 년 동안 일간지 『가디언』 등에 음악평론을 실어 온 영국의 칼럼니스트로, 영화감독이기도 하다.

✪ 20세기에 들어서면서, 미국사회에 아프리카계 흑인들이 만들어낸 독특한 음악세계가 펼쳐졌다. 재즈(jazz)를 비롯해서 댄스뮤직인 R&B(리듬 엔 블루스), 성가인 가스펠(Gospel), 그리고 쏘울뮤직(soul music) 등이 여기에 속한다. 재즈는 20세기 초 미국 남부지역의 흑인사회에서 생겨난 음악 스타일로, 아프리카와 유럽의 음악적 전통이 뒤섞여 태어났다. 재즈엔 미국의 대중음악에서 우러나온 여러 요소들이 녹아들어있다. 재즈는 전 세계로 퍼져나가면서, 각기 다른 국가나 지역, 지방의 음악문화들과 뒤섞여 빅밴드 스윙, 비밥, 쿨재즈, 라틴재즈, 쏘울재즈 같은 여러 가지 독특한

스타일로 거듭났다. 록큰롤은 이러한 아프리카계 흑인들의 음악과 카우보이의 "컨트리 음악"이 어우러져 생겨났고, 그래서 흑인 문화가 흠씬 배어들어 있다.

1970년대 후반부터, 뉴욕 브롱크스에 거주하는 흑인이나 자메이카와 캐리비아 해 지역에서 온 히스패닉 청소년들에 의해 새로운 문화운동이 펼쳐지기 시작했다. 사람들은 이를 두고 '엉덩이를 흔들다'는 뜻으로 "힙합(Hip hop)"이라 했는데, 흔히 "랩(Rap)" 음악으로도 불린다. 이젠, 다이내믹한 춤과 음악, 그리고 이와 관련된 일부 문화를 아우르는 대중음악의 한 장르가 됐다. 그리고 캐리비아해 지역에서 비롯된 레게(Reggae)까지 여기에 끼어든다. "레게(reggae)"는 원래 영어 rag(헝겊조각)의 자메이카 식 영어 사투리 "rege(레게)"에서 비롯된 말로, '누더기 옷', 또는 '말싸움'이라는 뜻을 지녔다.

힙합은 주로 네 가지로 나뉜다. 즉, 비트가 빠른 리듬에 맞춰 자기 생각이나 일상의 삶을 이야기하는 랩(Rap) 또는 엠씨잉(MCing), 랩에 맞춰 곡예 같은 춤을 추는 브레이크댄스, 디제이(DJ)가 벌이는 모든 예술행위를 뜻하는 디제잉(DJing), 주로 전철이나 건축물의 벽면·교각 등에 에어스프레이 페인트로 그림처럼 쓴 낙서문화인 그라피티(Graffiti) 등이다. 1990년대에는 그 영역이 더욱 넓어져, "힙합스타일"이라는 새로운 트렌드가 생겨났다. 이제 "힙합스타일"은 전 세계의 신세대들을 중심으로, 보다 자유스럽고 즉흥적인 형태의 패션·음악·댄스·노래, 나아가 의식까지도 지배하는 문화 현상이 됐다.

✪ 미국의 대중음악이 지금처럼 선풍적인 인기를 끌 수 있게 된 데에는 음악 전문잡지인 『빌보드(Billboard)』의 공이 컸다. 1936년에 『빌보드』는 그 첫 번째 「음악 히트퍼레이드」를 발간했고, 1940년에는 그 첫 번째 '음악 인기차트'를 발표했다. 이제 이 잡지는 갖가지 카테고리 별로 세분하여, 일주일 단위로 가장 인기 있는 노래와 앨범들을 뽑는데, 국제적으로 인정된 여러 개의 음원차트들을 보유하고 있다. 그 가운데 '빌보드 핫100'과 '빌보드 200'이 가장 유명하다. '빌보드 핫100'은 장르에 관계없이 톱100곡의 순위를 매겨놓은 것으로, 인터넷 판매와 라디오방송을 토대로 뽑는다. '빌보드 200'은 앨범 판매량에 따라 결정된다. "빌보드 핫100"에서 40위 안에 들어가면, 그 가수는 일평생 먹고 살 수 있는 부를 누린다고 할 정도로, 팝송에서 『빌보드』가 차지하는 권위는 대단하다.

1980년대 초 미국에 MTV라는 음악 전문채널이 등장하면서, 팝뮤직이 비약적으로 성장했다. 이즈음 "팝의 제왕" 마이클 잭슨이나, "음악계 역사상 가장 위대한 여성" 마돈나 같이 강한 인상을 주는 가수들이 떠오르는 별이 됐다. 1990년대 말 이후, 걸출한 여성스타가 속속 등장하면서 미국 팝음악은 새로운 전성기를 맞이했다. "팝의 여왕" 브리트니 스피어스, 뛰어난 가창력과 무대매너의 소유자 "섹시 디바" 비욘세, 그리고 기괴한 패션과 기행을 일삼는 "악동" 레이디가가 등이 대표적이다.

21세기 들어, 팝은 전 세계적인 트렌드가 됐다. 이젠, 우리나라의 팝 아이돌그룹들까지 여기에 가세하고 있다. 본디 힙합그룹으로 태어났던 방탄소년단(BTS)이 어느새 전 세계 팝뮤직의 스타덤에 오르게 된 것도 따지고 보면 이들이 팝뮤직의 본고장 미국 사람들의 정서를 파고들었기 때문이었다. 방탄소년단에 열광하며 충성하는 수백만의 팬덤 "아미(ARMY)"가 그 증거다.

그렇다면, 오늘날 미국의 팝뮤직이 판을 치는 세상에서, 민속전설에서부터 한복과 한글, 그리고 우리말 가사에 이르기까지 방탄소년단이 내뿜는 우리나라의 상징적 이미지는 또 어떻게 설명될 수 있을까? "21세기의 노스트라다무스"로 통하는 조지 프리드먼 교수는 그의 저서 『100년 후(The Next 100 Years)』에서, 지금 "황금시대"를 누리고 있는 미국의 문화를 이렇게 평가했다.

"미국의 문화란 기뻐서 어쩔 줄 모르는 흥분과 자만심, 그리고 깊은 수렁에 빠진 듯한 침울함이 뒤섞여 미친 듯이 날뛰는 것이다."

이같이 "젊고 야만적인" 미국문화는 노래와 춤을 사랑하고, "신바람"과 "끼"가 넘쳐나는 "놀이인간(*homo ludens*)"의 DNA를 타고난 우리 민족성과 어딘가 닮은꼴 같기도 하다. 그래서 방탄소년단이 미국문화와 무리 없이 어우러질 수 있었는지도 모른다. 어쨌든, 우리나라를 비롯해서 온 세상의 젊은이들이 "젊고 야만적인" 미국의 문화에 흠뻑 취해, 거기에 이끌려가는 현상이라고 할 수 있다

그 밖의 가장 미국적인 것들

「워싱턴 기념비」

- "알라모를 잊지 말자!"
- 마운트 러시모어(Mount Rushmore)
- 아메리칸 드림
- 돈 잔치 스포츠
- 미국 속의 『탈무드』

짧은 역사에 대한 콤플렉스 때문인지, 미국은 늘 역사에 목말라한다. 중요한 사건이나 그 주인공들의 이름을 산과 들, 도로와 건물, 기념비 등 나라 구석구석에 새겨 역사의 한쪽을 장식하고, 훗날의 교훈으로 삼는다. 미국은 비극적인 사건이 일어날 때마다 "잊지 말자(Remember)!"를 되뇐다. 그리고 기어코 자신들에게 해를 끼친 국가나 단체에 복수하고야 마는 전통도 세웠다. 서부개척시대가 지나자 방황하던 "아메리칸 드림"은 새로운 길을 찾았다. "능력에 따른 출세의 길(careers open to talents)"이 보다 현실적인 대안이 됐고, 그 앞의 장애물을 없애기 위해 미국은 "기회균등"이란 개념을 법으로 못 박아놓았다. "기회균등"은 이제 공정하고 정의로운 사회의 잣대가 됐다. 미국인들의 집단 정체성은 이 같은 애국적인 가치들이 만들어낸 산물이다. "아메리칸 예외주의"가 깃든 스포츠는 "돈 잔치"로 변해 타락한 자본주의의 상징처럼 됐다. 미국에서 보이지 않는 손으로 작용하고 있는 미국 안의 유대인 사회도 조명해봤다.

"알라모를 잊지 말자!"

✪ 텍사스 주 샌안토니오의 시가지에 언뜻 보면 교회의 폐허 같은 건물이 있다. '알라모요새(The Alamo)'다. 이곳은 1836년 텍사스 민병수비대원 185명이 멕시코 군 6,000여 명에 맞서 싸우다 모두가 장렬히 전사한 역사의 현장이다. 이야기는 1835년으로 되돌아간다. 원래 스페인 자치령이었던 텍사스는 1821년 멕시코가 스페인으로부터 독립하면서 멕시코의 한 주로 강제 편입됐다. 하지만, 텍사스 주민들은 유럽으로부터 온 이민자들이 대부분이었다. 영어를 주로 사용했던 그들은 멕시코정부의 반대에도 불구하고 1835년 독립을 선언하고 텍사스 공화국(The Republic of Texas)을 세우고, 텍사스 안에 주둔하고 있던 멕시코 군을 몰아내 버렸다. 텍사스 독립전쟁(1835~1836)은 이렇게 시작됐다.

이에 멕시코 대통령 겸 군 총사령관 싼타아나(Antonio Lopez de Santa Anna) 장군은 1836년 멕시코군 6,000여 명을 이끌고 '알

1854년 때의 '알라모요새'

라모요새'로 진격한다. 데이비스(William Davis)가 이끄는 텍사스 민병수비대 185명은 멕시코 군을 맞아 13일 동안 싸우다가 결국 전멸하고 말았다. 싼타아나가 부상자들까지 무자비하게 학살해버렸던 것이다. 물론 멕시코 군도 600여 명의 전사자를 냈다. 이 전투에 테네시 출신 미 의회 의원이던 데이비 크로켓(Davy Crockett)이 의용군으로 참전하여 '알라모요새'의 영웅이 됐다. 총잡이였던 그가 한 손에 권총, 한 손에 칼을 들고 몰려오는 수많은 멕시코 군을 상대하다 장렬히 전사했다. '알라모요새' 전투에 참여했던 민병대원들은 자신의 명예와 국가를 위해, "승리가 아니면 죽음"을 외치며 싸웠다. '알라모요새'가 멕시코 군에 함락된 뒤, 많은 젊은이들이 텍사스군 사령관인 쌤 휴스턴(Sam Houston) 장군 밑으로 모여들었다.

"알라모를 잊지 말자!(Remember the Alamo!)"

그들은 계속에서 이같이 외치며 싼타아나 군을 공격했다. 공교롭게도, 싼하신토(San Jacinto) 전투에서 싼타아나는 텍사스 군에게 포로가 됐다. 포로가 된 싼타아나는 결국 휴스턴 장군의 요구에 따라 멕시코 군을 텍사스에서 모두 퇴각시켰다. 그 결과 텍사스는 완전히 독립하게 됐고, 그 10년 뒤 1846년에는 미합중국의 한 주로 편입됐다. 텍사스 주의 최대 도시 휴스턴은 텍사스 공화국의 대통령 쌤 휴스턴 장군을 기리기 위해 그의 이름을 따서 붙인 것이다.

✪ '알라모요새'의 역사적인 비극은 그 뒤 일어난 멕시코-미국 전쟁(1846~1848)에 묻혀 전설이 되고 만다. 멕시코-미국 전쟁은 미합중국과 멕시코 사이에 1년 반 동안 벌어졌던 대규모 전쟁이다. 미합중국 군은 전쟁이 시작되자마자 캘리포니아와 뉴멕시코 지역을 순식간에 점령해버렸다. 그리고 다음해인 1847년 3월엔 스콧(Winfield Scott) 장군이 이끄는 일단의 점령군이 멕시코 동부해안에 상륙하여 베라크루즈 항구를 점령하고, 계속 서쪽으로 진격하여 그해 8월엔 마침내 멕시코의 수도 멕시코시티를 함락시켰다. 스콧 장군 휘하엔 나중에 미국 역사상 유명인사가 된 장군들도 끼어있었다. 로버트 리(Robert E. Lee: 훗날 남북전쟁 때 남군 총사령관), 조지 미드(George Meade: 훗날 남북전쟁 때 게티즈버그 전투에서 리 장군을 무찌른 북군의 영웅), 율리시스 그랜트(Ulysses S. Grant: 훗날 북군 총사령관, 제18·19대 미 대통령), 그리고 "스톤월" 잭슨(Thomas "Stonewall" Jackson: 훗날 남군의 영웅) 등이다. 이 전쟁의 결과로 멕시코는 미국에 항복하여 「과달루페이달고 조약(the Treaty of Guadalupe Hidalgo: 1848)」을 맺고, 멕시코의 영토였던 캘리포니아와 뉴멕시코를 미국에 할양하여 오늘날의 국경이 그어졌다. 사실 그 당시 미국이 멕시코 전 국토를 차지할 수도 있었으나 가치와 중요성이 상대적으로 낮아 포기했다고 알려져 있다. 아무튼 이 전쟁으로 미국과 멕시코는 서로 영원한 앙숙관계가 됐다.

알라모 전투가 사람들의 기억 속에서 사라져갈 무렵, 영화와 노래로 다시 태어나기 시작했다. 1911년 〈불멸의 알라모(The Immortal Alamo)〉로 영화화 됐고, 그 뒤 1950년대 들어 디즈니 미니시리즈 〈데이비 크로켓〉이 방영되면서 인기를 끌었다. 우리에게도 잘 알려진 영화 〈알라모요새(1960년)〉는 존 웨인이 감독 및 주연을 맡은 작품이다. 그리고 많은 작곡가들도 이 전투에 영감을 받아 곡을 썼다. 알라모 전투의 영웅 크로켓을 노래한 「데이비 크로켓의 발라드」는 테네시 어니 포드의 작품으로 16주간 컨트리 웨스턴 음악 차트에 오르며 인기를 끌었다. 그 밖에도 마티 로빈스가 취입한 「알라모의 발라드」, 자니 캐슈와 도노번이 취입하고 제인 바워가 만든 작품 「알라모를 기억하라」도 있다.

이 전투는 아직까지 미국인들의 가슴속에 자유를 향한 투쟁의 상징으로 자리 잡고 있다. 또, 많은 영화와 소설의 소재가 된 덕분에, 전투 배경이 된 요새는 많은 여행객들을 끌어들이는 유명 관광지가 됐다. 건물 안에는 알라모 전투 당시 상황을 잘 이해할 수 있도록 구성해 놓은 골동품 전시관과 기념품 가게가 있다. 현재 '알라모요새'는 크리스마스이브와 크리스마스 당일, 이렇게 이틀을 제외하고는 일 년 내내 개방돼 있다.

✪ 1941년 12월 어느 일요일 아침, 일본제국이 선전포고 없이 하와이 진주만에 정박한 미 군함들을 기습 폭격했다. 일본 해군의 기습폭격으로 미 해군은 전함 애리조나 호를 비롯하여 여러

척의 군함들이 침몰되거나 파괴됐고 수많은 해군 장병들이 숨졌다. 이를 계기로 마침내 미국이 일본에 선전포고하게 되면서, 3년 9개월이나 지속되는 지루한 태평양 전쟁의 시작을 알렸다. 이때 내건 슬로건이 있다.

"진주만을 잊지 말자(Remember the Pearl Harbor)!"

미국은 이 슬로건을 전쟁 내내 잊지 않고 되뇌며 끝내 전쟁을 승리로 이끌었다. 그보다 100여 년 전 알라모 전투로 텍사스 수비대가 전멸했을 때에도 "알라모를 잊지 말자!"는 슬로건을 내걸어 텍사스 독립전쟁을 승리로 이끌었던 그들이다. 또, 2001년 9월 11일, 알카에다(Al-Qaeda) 요원들이 민간 항공기 2대를 납치하여 미국 뉴욕의 한 복판에 있는 월드트레이드센터(WTC) 쌍둥이 빌딩에 부딪혀 자살 폭파하는 비극적 사건이 벌어졌을 때에도, 미국 대통령 부시는 테러리스트들과의 전쟁을 선포하며 "그들을 끝까지 추적하여 정의의 심판대에 세우겠다"고 다짐했다. 결국 10년의 긴 세월을 집요하게 추적한 끝에, 그 테러를 총 기획하고 지휘했던 알카에다의 두목 오사마 빈라덴을 사살해버렸다. 그리고 WTC가 서있던 자리엔 「국가 9.11기념관」과 '그라운드 제로(Ground Zero)'라는 비석을 세워 그날의 비극을 기리고 있다. 이렇듯 미국은 "잊지 말자(Remember)!"며 비극적인 사건을 잊지 않고 되새기며, 기어코 가해 국가나 단체에 복수하고야 마는 전통을 세웠다.

✪ 이 같은 애국심은 고대 트로이전쟁 때 패전국 트로이의 왕자 아이네아스와 헥토르의 모습에서 찾아볼 수 있다. 아이네아스는 모든 면에서 로마시민이면 저마다 열망하는 피에타스의 본보기였다. 종교와 가족에 대한 그의 피에타스에 더하여, 트로이를 떠나면서 맹서한 말에서 아이네아스의 열렬한 애국심과 특히 군에 복무하고 있는 그의 부하들에 대한 헌신을 엿볼 수 있다.

"나는 또 다시 전투를 하리라. 복수를 못한 채 우리 모두 오늘 죽을 순 없다."

미국의 영화제작사 워너브라더스가 2004년에 제작한 영화 〈트로이〉에선, 트로이의 영웅 헥토르가 군대를 집결시키면서 연설하는 장면이 나온다. 그 연설엔, 호메로스의 장편 서사시 「일리아스」에 비춰진 헥토르의 캐릭터가 잘 그려져 있다. 이 영화의 각본은 미국의 시나리오 작가 데이비드 베니오프가 쓴 『트로이(Troy)』였다. 베니오프의 『트로이』는 대체적으로 호메로스의 「일리아스」를 토대로 한 시나리오 작품으로, 10여 년에 걸친 트로이 전쟁에 얽힌 얘기가 내레이션으로 각색됐다.

"일평생 나는 그 코드에 따라 살아왔고, 그 코드는 간단하다: 신들을 숭배하고 너의 처를 사랑하고, 네 나라를 지켜라. 트로이는 우리 모두에게 어머니다. 트로이를 위해 싸워라!"

로마제국이 "팍스 로마나"를 노래하던 전성기 때도, 그들의 조상이 트로이 전쟁 때 겪었던 비극을 되새기며 되뇌는 말이 있다. "…메멘토 모리(*Memento mori*)!" 그들은 과거의 쓰라린 경험을 잊지 않기 위해 이 말을 입에 달고 살았다. 원정에서 승리를 거두고 돌아온 개선장군이 네 마리 말이 끄는 전차를 타고 구름처럼 모여든 군중 사이로 시가행진을 할 때면, 그 개선장군 바로 뒤엔 노예 한 사람이 서서 장군의 귀에 대고 이 말을 계속해서 속삭이곤 했다. 이 말의 뜻은 '전쟁에서 승리했다고 너무 우쭐대지 말라. 오늘은 개선장군이지만, 너도 언젠가는 죽는다. 그러니 겸손하게 행동하라.'였다.

"뒤를 돌아보라. 당신도 죽게 돼있는 목숨이라는 것을 기억하라. 당신도 반드시 죽는다는 것을 기억하라."

(Respice post te. Hominem te esse memento. Memento mori!)

미국은 과거의 여러 위인들의 충고를 곱씹으며, 역사의 교훈을 되새긴다. 그들은 "미래에 대한 최선의 예언자는 과거이다"라고 한 영국의 시인 바이런의 앞을 내다보는 말이나, "역사가 되풀이 되고 예상 밖의 일이 반복해서 일어난다면 인간은 얼마나 경험에

트로이 성으로 돌아오는 헥토르의 시신, 고대 로마시대(180~200)의 석관에서 출토됐다.

서 배울 줄 모르는 존재인가"라고 한 버나드 쇼의 비판이나, "역사를 잊은 민족에게 미래는 없다"고 한 영국의 수상 윈스턴 처칠의 충언을 그냥 지나치는 법이 없다.

그 밖의 가장 미국적인 것들

마운트 러시모어

Mount Rushmore

✪ 사우스다코타 주의 대평원 서쪽 끝자락쯤에 마치 끝없이 펼쳐진 바다 한가운데 외로이 떠있는 섬처럼 우뚝 솟은 시커먼 산이 있다. 라코타 쑤(Lakota Sioux)족 토박이 인디언들의 말로 "파하싸파", 즉 블랙힐스(Black Hills)란 곳이다. 이 블랙힐즈에는 화강암으로 된 높다란 산봉우리가 여럿 있었다. 그 가운데 토착 인디언들이 "여섯 할아버지들"이라고 부르는 산봉우리들을 깎아 워싱턴, 제퍼슨, 링컨, 그리고 시어도어 루스벨트 등 미국의 역대 위대한 대통령 사인방의 커다란 머리 조각상들을 쪼아 놓았다. 미국은 이곳을 「마운트 러시모어 국가기념물(Mount Rushmore National Memorial)」로 지정하고, "민주주의의 성전(Shrine of Democracy)"이라 부르며 떠받들고 있다. 이 사인방은 「미국 독립선언문」과 「미연방 헌법」을 만들어 공화국을 지켜내고, "루이지애나 구매"와 알라스카로부터 텍사스, 파나마운하 지역에 이르는 7개 영토를

획득해 영토를 확장시킨 공로가 있는 대통령들이다. 「마운트 러시모어」는 1885년 블랙힐스를 탐험한 뉴욕의 어느 변호사 이름을 따서 "여섯 할아버지들" 봉우리에 붙인 이름이다.

이곳은 미국의 탄생·성장·개발·보존에 대해 배워 가는 미국 역사교육의 현장으로, 세계 각국에서 연간 300만 명의 관광객이 몰려들 정도로 인기가 높다. 1941년 이래 수십 년에 걸쳐, 「마운트 러시모어」는 세계의 다양한 문화와 배경으로부터 찾아오는 이들에게 자유와 희망이라는 미국의 상징을 잘 보여주는 현장으로 그 명성을 쌓아왔다. 이 기념물과 블랙힐스 주변에 있는 여러 문화시설들에서, 미국의 뼈대를 이룬 문화를 엿볼 수 있다. 이를테면, 래피드 시티의 다운타운 거리에는 "대통령 성(the City of Presidents)"으로 불리는 곳이 있는데, 그곳엔 역대 미국 대통령들의 동상들이 거리 곳곳에 세워져 있다. 방문객들은 「마운트 러시모어」를 보면서, 미국의 역사와 문화를 이해하고, 마치 큰 선물을 받아가는 듯한 뿌듯함을 느끼며 그곳을 떠난다.

✪ 「워싱턴 기념비(The Washington Monument)」는 미국의 '국가기념물(National Memorial)'이다. 이 기념비는 미국 "건국의 아버지"이고, 독립전쟁의 영웅이며, 미국 초대 및 2대 대통령(재임 1789~1797)을 역임한 조지 워싱턴 장군을 기리기 위해 세운 오벨리스크다. 대리석, 화강암, 청회색 편마암으로 구성된 이 탑은 높이 169.3m로 세계에서 가장 높은 오벨리스크이기도 하다. 건설공사는 1848년

'마운트 러시모어 국가기념물', (왼쪽부터) 조지 워싱턴, 토머스 제퍼슨, 시어도어 루스벨트, 링컨

에 착공하여 1884년에 완성됐다. 미국의 수도 워싱턴 한복판 내셔널 몰(National Mall)에 세워져있는데, 이 지역엔 「링컨 기념관」과 미 의회의사당도 함께 자리하고 있다. 이 기념비는 건축가 로버트 밀스가 도안했다. 그는 고대 이집트의 오벨리스크에서 영감을 받아 그대로 본떠 만들었다고 한다. 오벨리스크는 '뾰쪽한 기둥'을 뜻하는 그리스어 "오벨리스코스(obeliskos)"가 그 어원이다. 그리스의 역사학자 헤로도토스가 고대 이집트의 옛 사원 앞에 서있는 기둥들을 보고 그렇게 붙인 데서 비롯됐다고 전해진다. 오벨리스크는 태양신 '라(Ra)'를 상징하는 것으로, 둥근 태양에서 뿜어나오는 두려울 정도로 강렬한 빛줄기를 나타낸 것으로 풀이된다. 또 오벨리스크 속에는 태양신이 존재한다고 믿기었다. 세계에서 가장 오래된 건축물 가운데 하나인 오벨리스크를 채택한 것은 미국의 짧은 역사를 보상하기 위한 심리도 들어있는 것 같다.

'국가기념물(National Memorial)'은 역사적 인물이나 사건을 기리기 위해 미 의회의 승인을 받아 국가가 보호대상으로 지정한 기념물을 일컫는다. 이러한 국가 지정 기념물은 전국에 29개소가 있으며, 국립공원관리공단이 소유하고 관리한다. 1933년에 건립된 「워싱턴 기념비」를 시작으로, 가장 최근의 것은 2011년에 세운 「마틴 루터 킹 기념물」이다. '국가기념물'은 주인공과 직접적으로 관련된 곳에 있을 필요는 없고, 「링컨 기념관」처럼 '국가(National)'라는 말이 붙지 않은 것들도 많다. 9개소는 미국 대통령들을 기리고, 4개소는 전쟁, 7개소는 다른 역사적 사물들을 기린 것들이다. '국가기념물' 외에도 '국가기념비(National Monument)'로 지정하여 보호 관리하는 기념물도 있다. '국가기념물'과의 차이는 국회의 승인이 없이도 미국 대통령령으로 지정할 수 있다는 점이다. 「자유의 여신상(Statue of Liberty)」을 비롯하여, 아메리칸 인디언들의 유적지, 서부개척시대·독립전쟁·남북전쟁 때의 요새 등, 역사적 유적들과 규모가 작은 자연경관들이 '국가기념비'에 포함돼 있다.

✪ 미국은 1620년 "필그림 아버지들"이 '메이플라워 호'를 타고 신대륙에 상륙한 지 400년도 되지 않고, 영국으로부터 독립한 때로부터 250년도 채 되지 않은, 사람으로 치면 이제 막 청년기에 접어든 나라다. 짧은 역사에 대한 콤플렉스 때문인지, 미국은 늘 역사에 목말라한다. 그래서 미국은 산과 들, 지역과 도시, 도로와 건물, 갖가지 공공시설물 등에 역사를 새겨, 그들의 새로운 역사를 차곡차곡 쌓아가고 있다. 그것이 설령 나쁜 기억을 자아내는 것일지라도 그것이 후세에 교훈이 된다고 여겨지면 예외 없이 기념물로 지정하거나 기념비를 세운다.

미국의 역사에 대한 집착은 단순히 기념비나 기념물에 그치지 않는다. 군함·전투기·탱크 같은 무기체계 등, 사람의 눈에 보이는 것이면 그 무엇이고 기념될만한 인물의 이름을 갖다 붙인다. '월터리드 미군메디컬센터'는 군의관으로서 전염병학과 생체의학을 개척한 월터리드(Walter Leed: 1851~1902) 육군소령을 기리기 위해 그의 이름을 새겨놓았다. 케네디·레이건·조지부시를 비롯하여 여러 미국 대통령들이 큰 부상을 당했을 때나 병을 앓았을 때 그 치료를 맡아 유명해진 병원이다. “떠다니는 요새”라는 별명이 붙은 미 항공모함들은 초대 대통령이었던 조지 워싱턴이나 해군제독이었던 니미츠 같은 이들의 이름을 빌려 썼다. 뉴욕의 케네디(JFK) 공항, 워싱턴의 덜레스공항, 미국 경제공황 때 “뉴딜 정책”의 상징이 된 후버댐, 우주선 발사대가 있는 케네디 스페이스센터 등도 마찬가지다.

그 밖의 가장 미국적인 것들

아메리칸 드림

American Dream

✪ 미국의 44대 대통령 버락 오바마, 철강 왕 카네기, 물리학자 아인슈타인 박사, 영화배우 오드리 헵번, 발레무용가 미하일 바리시니코프, 애플사 창업자 스티브 잡스, 세계은행 총재 김용, 방송 사업가 루퍼트 머독, 전 미 국무장관 헨리 키신저, 전 캘리포니아 주지사 아놀드 슈워제네거, LA필하모닉의 "명예 지휘자" 주빈 메타, 'NBA 명예의 전당'에 오른 농구선수 야오밍… 이들의 공통점은? 그들은 세계 각국으로부터 미국으로 건너온 이민 1세이거나 2세들로서, 세계적인 유명인사가 되어 "아메리칸 드림"을 이룬 사람이라는 것이다.

이들 가운데 특히 관심을 끄는 인물은 오바마 대통령과 애플사 창업자 잡스다. 오바마 대통령은 케냐 출신의 흑인 아버지와 미국 백인 어머니 사이에서 태어난 물라토(mulatto: 흑인과 백인 사이의 혼혈아)였다. 하지만, 부모는 이혼했고 홀어머니 손에서 자랐다. 케냐 이민자 2세인 그가 미국의 44대 대통령이 됨으로써, 마틴 루터 킹 목사가 "내겐 꿈이 있어요(I have a dream)"라고 외친 지 반세기만에 그 꿈이 실현된 경우다. 한편, 잡스는 시리아출신 대학생과 미국 여학생 사이에서 태어났으나, 다른 가정에 입양되어 자랐다. 그는 어려운 여건에서도 애플(Apple) 사를 창업하여, 현재 시장가치로 세계최대의 기업으로 키워냈다. 마우스를 이용한 GUI라든지, 그래픽 디자인 전용 컴퓨터인 '매킨토시(Macintosh)', 스마트폰 '아이패드(iPad)' 같은 혁명적 아이디어 제품들을 발명해 내 시장에서 성공시킴으로써, 컴퓨터 계의 전설이 됐다. 이 둘은 모두 태어날 때부터 지닌 사회적 한계와 그에 따른 온갖 편견을 일찌감치 이겨내고, 세상에서 가장 유명한 인사가 됐다.

좀 다른 경우지만, 아놀드 슈워제네거 역시 "아메리칸 드림"의 상징이다. 오스트리아의 외딴 마을에서 태어난 그는 어릴 적부터 미국에 이민 가서 영화배우로 성공하고, 케네디 가문 여성과 결혼하는 것을 꿈꿨다. 부모는 이런 그를 "미쳤다"고 했다. 15세 때 최고의 "마초맨(Macho Man)"이 되겠다며 독일의 주니어 보디빌딩 챔피언에 도전해 최연소 우승자가 됐다. "마초맨"은 미국에서 근육질 프로레슬러의 링네임이다. 몸에 기름을 바르고 수천 명 앞에 나서는 것이 시시해질 즈음, 영화대사보다 근육을 앞세운 〈코난(1982)〉과 〈터미네이터(1984)〉에 출연하면서 부와 명예를 거머쥐었고, 훗날 캘리포니아 주지사에 당선되기도 했다.

"아메리칸 드림"을 가장 갈망했던 사람으로 마틴 루터 킹(1929~1968) 목사를 빼놓을 수 없다. 그는 침례교 목사이자 시민운동가였다. 그의 인권운동은 1955년에 시작하여 1968년 암살될 때까지 이어졌다. 그는 마하트마 간디의 영향을 받아 비폭력과 시민 불복종 운동을 펼쳐, 1964년엔 노벨평화상을 받았다. 1963년 8월 23일 킹목사가 「링컨기념관」 계단에서 행한 연설은 미국의 역사에서 가장 상징적인 연설 가운데 하나로 꼽힌다. 이 연설 중간에 킹 목사는 저 유명한 "내겐 꿈이 있어요" 부분을 이렇게 시작했다.

"친구들이여, 나는 오늘 여러분들에게 말합니다. 우리가 비록 오늘과 내일 어려움에 처할지라도, 내겐 아직 꿈이 있어요. 그 꿈은 '아메리칸 드림'에 깊게 뿌리박고 있습니다."

(I say to you today, my friends, so even though we face the difficulties of today and tomorrow, I still have a dream. It is a dream deeply rooted in the American dream.)

✪ "아메리칸 드림"이란 번영과 성공을 위한 기회이자, 자유가 녹아 들어있는 여러 이상들의 혼합물이며, 열심히 일해서 그에 합당한 사회적 신분을 얻는 것을 말한다. 그것은 곧 미국시민들의 공통된 정서다. "아메리칸 드림"의 아이디어는 「미국 독립선언문」의 정신에 그 뿌리를 두고 있다. 그래서 "미국식 공화주의"

'마틴 루터 킹 주니어 국가기념물'에 세워진 「희망의 돌(The Stone of Hope)」

가 핵심인 '미국혁명'은 열심히 일하는 사람들에겐 무한한 가능성과 기회가 주어지는 증거로서 자주 들먹여진다. 사실, "아메리칸 드림"은 미국이 태어나기 이전부터 존재했었다. 1600년대 유럽인들은 미개척 신대륙에 대해 희망과 포부를 갖기 시작했다. 그때 그들의 꿈은 주로 땅을 차지하거나 번창하는 사업을 창업하여 행복을 얻는 것이었다. 1930년대 '대공황' 시기에 작가들은 이상주의적인 "아메리칸 드림"에 대해, 그 개념을 체계화하고 미국사회에 깊숙이 자리 잡은 그 무엇으로 표현하곤 했다. 또한, 역사적 관점에서, "아메리칸 드림"은 "서부개척" 생활에 대한 신비로움에서 비롯된 것이기도 했다. 그 당시 미국과 유럽에선, 미지의 땅에 커다란 목장을 세운다거나, 금광을 찾거나, 장사를 해서 "대박"을 터뜨리는 뜬구름 잡는 식의 꿈을 지닌 사람들도 더러 있었다.

이처럼 희망에 찬 "아메리칸 드림"이지만, 그 뒤에는 어두운 그림자도 있었다. 극작가 아서 밀러는 그의 연극 〈어느 세일즈맨의 죽음(1949년)〉에서, "아메리칸 드림"을 알맹이 없이 허황된 꿈을 좇는 맹목적인 것이라고 비판했다. 스콧 피츠제럴드 역시 그의 소설 『위대한 개츠비(The Great Gatsby: 1925년)』에서 "아메리칸 드림"이 가져온 사회의 어두운 면을 조명한다. 비평가들은 "아메리칸 드림" 가운데 어떤 버전은 '번영은 곧 행복'으로 보기도 하고, 어떤 버전에서는 부가 없어도, 심지어는 가난한 가운데서도 행복을 느낄 수 있다고 지적한다. 어떤 사람들에게는 "아메리칸 드림"

은 경제적 성공이나 재산을 소유하는 것보다는 개인적 성취일지 모른다고도 한다. 이렇듯, "아메리칸 드림"은 두 개의 얼굴을 가진 개념으로 이해되고 있는 추세다. 그럼에도 "아메리칸 드림"은 어두운 면보다는 긍정적인 면이 더 많은 것이 사실이다.

✪ 서부개척시대가 지나자 갈 길을 잃고 방황하던 "아메리칸 드림"은 새로운 길을 찾았다. "아메리칸 드림"은 "골드러시"를 좇던 허황된 꿈에서, 보다 현실적인 "능력에 따른 출세의 길(careers open to talents)"로 그 이상이 바뀌었다. 이를테면, 아이들이 자라면서 제대로 된 교육을 받고, 인위적인 장벽이나 편견, 또는 선호도 같은 장애물이 없이 원하는 직업을 얻는 것이다. 여기서 말하는 장애물이란 자라난 환경, 계층, 계급, 종교, 인종, 성, 민족성, 또는 장애, 나이, 성 정체성 같은 타고난 개인적 속성들에 따라 사람을 제한하는 사전 규제조항들 때문에, 어떤 개인이 차별 받거나 업신여김 당하는 것을 말한다. 새로운 "아메리칸 드림"을 가로막는 이 같은 장애물을 없애기 위해 등장한 개념이 "기회균등(Equality of Opportunity)"이다. 이 개념은 미국만의 독특한 이념인 "아메리카니즘"의 일부이기도 하다. 정치과학자 시모어 립셋의 에세이 「미국의 예외주의」에 실려 있는 얘기다.

"'아메리카니즘'은 '결과의 균등'이 아니라, '기회의 균등'을 강조하고, 사회적 정치적 개인주의가 무엇보다 중요하다는 것을 일깨워준다."

"기회균등"의 개념은 워낙 광범위하고 추상적이어서, 막상 실생활에 쓰려고 하면 헷갈리기 일쑤다. 마침, 『세계 소수자들의 사전(Encyclopedia of the World's Minorities)』이 공식적인 "기회균등"의 특징을 세 가지로 알기 쉽게 간추렸다.

"공개적 모집(Open call), 공정한 심사(Fair judging), 그리고 지원서 가운데서의 선택(An application is chosen)"

"공개적 모집"이란 원하는 사람이면 누구나 응모할 수 있어야 하고, 공개적으로 모집공고를 내고, 지원자가 준비할 수 있는 적당한 시간을 줘야 한다. 모든 지원서는 접수돼야 한다. 그리고 가장 적합한 사람을 가려낼 수 있는 규칙과 절차에 따라, 지원자들의 장점과 능력을 평가하는 "공정한 심사"가 이뤄져야 한다. 이를테면, 합창단의 지휘자를 뽑을 때, 겉모습이 아니라 음악에 대한 지식을 근거로 평가해야 한다. 마지막으로, 응모자들 가운데 가장 걸맞다고 판단되는 사람을 뽑아 그 자리에 앉혀야 한다는 것이다.

개개인은 혈연이나 지연, 또는 학연을 두루 갖춘 빵빵한 배경 같은 환경에 의해 좌우되는 것이 아니라, 오로지 자기 자신의 노력에 따라 성공할 수도, 아니면 실패할 수도 있어야 한다는 것이 "기회균등"의 철학이다. 그러므로 "기회균등"은 능력주의사회(Meritocracy)의 핵심개념이라 할 수 있다. 이처럼 "기회균등"은 정실인사를 배척하며, 한 사회의 구조가 법에 따라 움직일 수 있도록 하는 데 중대한 역할을 담당한다. "기회균등"은 공정하고 정의로운 사회의 잣대이자 버팀목이라 할 수 있다. 미국에선 "기회균등(Equality of Opportunity)"이 법으로 못 박혀있다.

✪ 따지고 보면, 미국은 태어날 때부터 여러 민족이 뒤섞여 세워진 나라였다. 미국국장에 그것이 잘 나타나 있다. 그 국장엔 미국의 모토가 된 라틴어 구절이 새겨져 있다.

"E Pluribus Unum"

(여럿이 모여 하나가 되다)

이것은 '미국혁명' 당시 영국 런던에서 발행되던 월간지 『젠틀맨즈 매거진』의 속표지에 주기적으로 실렸던 구절이다. 이 월간지는 1731년에 창간되어 1922년까지 한 번도 거르지 않고 거의 200년 가까이 존속했다. 그 곁에 그려진 한 움큼 꽃다발을 쥐고 있는 삽화엔, 이 구절의 참뜻이 담겨져 있었다. 꽃다발의 속뜻은 미국을 여러 가지 꽃을 묶은 꽃다발에 빗댄 것이었다. 모든 것을 녹여 하나로 만드는 "용광로"와는 달리, 꽃다발은 통합과 동시에 개체성이 공존하는 것을 뜻했다.

월간지 『젠틀맨즈 매거진』의 속표지에 실린 꽃다발 삽화

"여럿이 모여 하나가 되다"라는 모토는 여러 가지 뜻을 품고 있다. 미국 국장의 최초 디자인엔 장미(영국), 엉겅퀴(스코틀랜드), 하프(아일랜드), 백합꽃(프랑스), 사자(홀란드), 제국독수리(독일) 등을 넣어 미국 건국초기의 13개 주를 이룩한 여섯 민족을 뜻했다. 이 라틴어 모토는 열셋의 식민지 연합에서 새로운 단일 국가로 태어났음을 뜻했다. 훗날, 미국은 이를 기념하기 위해 새로 발행하는 모든 동전에 이 모토를 새겨 넣기도 했다.

돈 잔치 스포츠

✪ 스포츠는 미국문화의 커다란 한 축을 차지하고 있다. 미국에서는 거의 모든 스포츠 종목이 인기를 누리지만, 그 중에서도 미식축구, 야구, 농구, 아이스하키, 축구, 골프, 테니스, 카레이싱, 프로레슬링, 격투기 등이 톱10 안에 드는 인기스포츠다. 그 가운데서도 미식축구, 야구, 농구, 축구, 아이스하키가 미국 내 가장 인기 있는 단체스포츠로 꼽히는데, 축구를 빼곤 모두 북미지역에서 발전한 것들이다. 이 다섯 가지 인기스포츠는 각각 NFL(내셔널 미식축구리그), MLB(메이저리그 야구), NBA(내셔널 농구협회), MLS(메이저리그 축구), NHL(내셔널 하키리그) 등의 '메이저리그'들에 의해 운영되고 있다. 본디 축구(soccer)는 구경만하는 스포츠로 인식돼서 그랬던지, 별로 사랑받지 못했었다. 하지만, 이제는 젊은 세대를 중심으로 그 열기가 점차 뜨거워지면서, 아이스하키를 밀어내고 네 번째 자리를 차지했다.

거의 모든 미국인들이 스포츠에 열광하고, 그 때문에 인기 스포츠들은 매스컴의 스포트라이트를 받으며 전 세계적으로도 뛰어난 경쟁력을 보여준다. 그러다보니, 수많은 기업들이 막대한 돈을 쏟아 부어 이들을 후원하고 있다. 기업들이 마케팅활동의 일부로 인식하기 때문이다. NFL·MBL·NBA·MLS·NHL 등 다섯 스포츠만 하더라도 한 시즌 벌어들이는 액수가 2017~2018년 기준으로 무려 350억 달러(약 40조 원)나 된다. 이 같은 "돈 잔치"는 결국 부와 명성이라는 특권을 누리는 수많은 "스타플레이어"들을 쏟아냈다. 미국 스포츠는 개인경기든 단체경기든, 결국엔 모두 선수개인의 부와 명예에 직결돼 있다는 점에서도 자본주의의 색채가 짙게 드리워져 있다.

미국 프로스포츠는 철저하게 자본주의적 기업경영기법으로 운영되고, 세계적 대기업들과 끈끈한 유대관계를 유지하며 상생하고 있다. 예컨대, 맥주회사 버드와이저는 자기네 상표를 따서 "버드 볼(Bud Bowl)"이라는 상업광고 캠페인을 벌이는가하면, 다른 대기업들 역시 프로팀들의 연고지에 구장을 건립하여 기부하고, 거기에 '하인즈 필드(Heinz Field)', '리바이스 스타디움(Levi's Stadium)', '포드 필드(Ford Field)' 등, 자기 회사이름을 붙인다. NFL의 경우, "슈퍼볼(Super Bowl)"의 하프타임에는 "란제리 볼(Lingerie Bowl)", "맥주병 볼(Beer Bottle Bowl)", 그리고 미국문화의 또 다른 측면들을 보여주는 각종 축하 쇼를 진행하기도 한다. 폭스스포츠(Fox Sports)나 ESPN 등의 방송사들도 인기절정의 경기들을 중계

하면서, 기업들의 광고로 막대한 수익을 올린다. MLB는 아예 자체 방송국 'MLB네트워크'를 설립하여 운영하고 있을 정도다.

✪ 미식축구에 대한 미국인들의 열정은 가히 우리의 상상을 초월한다. 1920년에 태어난 NFL은 국내경기로는 가장 많은 관중을 모으는 스포츠다. 각 경기당 평균 7만 명에 가까운 관중을 기록하고 있고, 결승전이라 할 수 있는 "슈퍼볼(Super Bowl)" 시합 때에는 10만 이상의 팬이 모인다. 매년 1억 명 이상이 경기를 시청하여, 시청률이 50%를 웃돌 정도다. 그만큼 마케팅 효과도 커서, 브랜드를 알리려는 광고주들은 2002~2019년 평균 30초당 500만 달러(약 56억 원)이나 되는 광고비를 감수하고라도 광고권을 따내기 위해 치열한 경쟁을 벌인다. "슈퍼볼" 경기는 2월 첫째 주 일요일에 치르기 때문에 "슈퍼볼 선데이" 또는 "슈퍼 선데이"라 부르기도 한다. 마치 축제날처럼 거의 모든 미국인들이 즐기는 "슈퍼볼 선데이"는 인종·종교·경제적 계층이 다른 미국인들을 한데 묶는 역할도 하기 때문에 차라리 국경일로 정하자는 주장이 설득력을 얻고 있다. 미식축구는 경기장이 사발(bowl/볼) 모양을 닮았다고 해서 "볼게임"으로도 불린다. 지역 팀의 스타디움은 그 지역의 명물이나 특산품의 이름을 따서 '카우보이 스타디움(Cowboys Stadium: 댈러스 팀)', '로즈 볼(Rose Bowl: 패서디나 팀)', '알로하 스타디움(Aloha Stadium: 하와이대 팀)'처럼 붙인다.

수퍼볼 기간 중 미디어에 실린 버드와이저 맥주 광고(1989~1997)

미식축구에 못지않게 미국인들에게 인기가 높은 스포츠는 프로야구다. 프로야구를 관장하는 메이저리그 야구(Major League Baseball/MLB)의 역사는 100년이 넘는다. 미식축구처럼 정규 시즌 기간에는 캐나다의 1개 팀을 포함하여 30개 팀이 내셔널리그(NL)와 아메리칸리그(AL)에 나뉘어 소속돼있고, 소속 팀들은 여러 개의 지역으로 나뉘어 시합한다. 이 정규 시즌 중 NL과 AL에서 각각 최우수 투수에게 주는 "사이영상(Cy Young Award)"이 특히 유명하다. 정규시즌 이후에는 포스트시즌 게임으로 월드시리즈(World Series)를 포함하여 4~5차례에 걸쳐 게임을 치른다. MLB에서는 또한 전 세계 각 지역별 우승팀들을 모아 경기를 치르는 '월드베이스볼 클래식(World Baseball Classic)'을 창설하여 운영하기도 한다. 2016년 기준으로 연봉 100억 원이 넘는 선수만 해도 117명에 이르는 등, MLB는 바야흐로 전 세계 야구인들에게 꿈의 무대가 됐다. 이런 MLB 선수들 가운데는 우리나라 선수들도 끼어있어 우리의 자랑이기도 하다.

미국에서 가장 인기 있는 미식축구, 야구, 농구 경기엔, 남다른 공통적 특징이 있다. 그것은 공격적이며 점수가 많이 날 수 있도록 설계돼 있으면서도, 과학적이고 합리적인 경기규칙을 둬 우연성을 최소화한 것이다. 선수 한 사람 한 사람의 임무나 행동이 미리 작전에 정해져 있어서, 한 사람이라도 실수를 하게 되면 팀 전체의 작전은 물거품이 되고 만다. 그러므로 개개인의 실력만큼이나 팀워크 또한 중요할 수밖에 없다. 그러다보니, 팀을 이끄는 감독이 경기 중간 중간 수시로 작전타임을 불러 새로운 작전을 지시하는 모습은 이제 우리에게도 낯설지 않은 광경이다. 그런데, 다른 나라에선 거의 관심 밖에 있는 미식축구가 왜 미국 사람들에게서 그토록 사랑받는 것일까? 그건 바로 미식축구에 "아메리칸 예외주의(American exceptionalism)"가 깃들어 있기 때문이다.

✪ 미국에서는 단체스포츠만큼이나 개인스포츠 역시 그 인기가 매우 높다. 카레이싱, 육상, 테니스, 골프, 승마, 라켓볼, 복싱, 수영, 레슬링, 사격, 펜싱, 피겨스케이팅, 볼링, 로데오, 그리고 레저

스포츠로 헌팅·낚시·스키·스노보드·사이클·등산 등이 모두 인기 있는 개인종목이다. 이렇듯 미국에서 개인스포츠가 사랑받는 이유는, 대부분의 고등학교와 대학에서 중요한 교육과정으로 인식돼있고, 스포츠 활동이 활발할 수 있도록 잘 조직돼있는 것도 한몫을 하고 있다. 대학스포츠 경기는 많은 종목에서 프로경기보다 인기가 높아, 미국의 스포츠문화에서도 매우 중요한 위치를 차지하고 있다. NCAA(전미 대학운동경기 협회)가 대학운동경기를 주관하는데, 위에 든 대부분의 스포츠 종목을 아우른다. 그러나 학교 안에서의 스포츠 활동은 어디까지나 과외활동으로 운동을 즐기는데 그친다. 비록 스포츠 특기생이라 할지라도 정상적인 교과과정을 마쳐야만 한다. 우리나라에서처럼 체육특기생들에게 주어지는 특혜는, 미국에서는 상상하기조차 힘들다. 이처럼 활발한 학교 스포츠 활동의 밑바탕엔 모든 미국시민들이 함께 즐기는 생활체육이 자리 잡고 있다. 생활체육이 뿌리내린 나라는 미국 말고도 영국, 독일, 프랑스, 일본 같은 선진국들에서도 찾아볼 수 있다.

"건강한 육체에 건강한 정신이 깃들게 해달라고 기도하라."

(orandum est ut sit mens sana in corpore sano)

1세기 말~2세기 초에 활동했던 고대 로마의 시인 유베날리스가 펴낸 풍자시집, 「사티라이(*Satirae*)-10편」의 첫마디다. 고대 로마시대 때, 스포츠의 중요성을 일깨우던 시였다. 스포츠가 미국인들의 일상생활 속에 깊이 파고든 것은 이런 고대 로마시대의 전통을 그대로 이어받았기 때문인 듯하다. 그토록 수많은 인종이 뒤섞여 살면서도 비교적 사회적 갈등이 적은 것도 엄격한 법치주의와 더불어, 따지고 보면 이처럼 건강한 스포츠문화가 낳은 결과일 수도 있다.

그 밖의 가장 미국적인 것들

미국 속의 『탈무드』

✪ 사방이 수억 무슬림들의 이슬람 국가들로 둘러싸여 있고, 국토면적은 고작 2만여 제곱킬로미터에, 인구 820여 만밖에 되지 않은 조그마한 나라, 이스라엘. UN의 결정에 따라 1948년 건국된 이래, 이런저런 이유로 이집트, 요르단, 레바논, 이라크, 시리아 같은 주변 아랍국들과 벌인 네 차례의 크고 작은 전쟁에서 모두 승리를 거뒀다. 아주 불리한 주변 환경에도 불구하고, 오랜 세월 버텨낼 수 있는 이스라엘의 힘은 도대체 어디서 나오는 것일까? 하나로 똘똘 뭉친 이스라엘 국민들의 자체 역량이 주된 이유이겠지만, 이스라엘의 뒤에 막강한 미국이 버티고 있는 것도 무시 못 할 요인이라 할 수 있다. 미국이 이스라엘의 후견인 노릇을 하는 데엔 그럴만한 까닭이 있다. 이스라엘의 수도 예루살렘은 그리스도 교인들의 정신적 고향인데다, 미국에 사는 유대인들이

미국사회에 미치는 영향력이 매우 크기 때문이다.

북아메리카에 사는 유대인은 2016년 현재 줄잡아 710여 만으로, 현재 이스라엘 인구와 거의 맞먹는다. AIPAC(American Israel Public Affairs Committee)은 미국의 의회와 행정부에 친이스라엘 정책을 펴도록 뒷바라지하는 로비그룹이다. AIPAC에 쓰인 "Public Affairs"는 "공화주의(republicanism)"의 어원인 라틴어 "레스 푸블리카(res publica)"에서 따온 말이다. 라틴어 "레스 푸블리카"는 미국의 정체성을 상징하는 말이어서, 미국 시민들의 공감을 불러일으키는 감성적 표현이다. AIPAC은 미국 내에 있는 친이스라엘 로비 조직 몇몇 가운데 하나로, 10만 이상의 회원과 몇몇 지회를 두고, 폭넓은 기부자의 인적자원(pool)이 있다. 그들은 미국의 공화당이나 민주당 어느 한쪽에 치우침이 없이, 양쪽에 공평하게 로비한다. 그들이 미 행정부와 의회에 막강한 영향력을 행사하고 있는 배경이다.

✪ 이같이 짱짱한 유대인들의 배경엔, 내로라하는 유명 인사들이 수없이 많이 버티고 있다. "발명왕" 토마스 에디슨, "석유 왕" 존 록펠러, 마이크로소프트의 창업자 빌 게이츠, 아마존의 창업자 제프 베조프, 페이스 북의 창업자 마크 저커버그, "투자의 귀재" 워런 버핏 등 세계적인 사업가들, 그리고 미 연방준비은행(Fed) 의장을 지낸 재닛 옐런과 세계 금융계를 쥐락펴락하는 골드만삭스, 모건스탠리, 메릴린치, 로스차일드의 소유주들, 블룸버그

사 창업주이며 뉴욕시장을 지낸 마이클 블룸버그, 미국 3대 신문인 『뉴욕타임스』, 『워싱턴포스트』, 『월스트리트저널』, 그리고 미국의 3대 지상파인 ABC, NBC, CBS, AOL-타임워너 등 방송언론계의 소유주들, 그리고 영화감독 스티븐 스필버그까지, 너무 많아 일일이 거론하려면 숨이 찰 정도다.

또 통계자료에 따르면, 노벨수상자의 22.3%, 『포브스』 지가 뽑은 세계 최고부자 200명 가운데 38명(19%), 『포춘』 지 선정 100 대기업 소유주의 30~40%, 미국 억만장자의 절반, 미국 아이비리그대학 교수의 30%가 유대인이다. 국회의원으로는 하원에 34명(6%), 상원엔 9명(9%)이 있다. "프랑스의 지성" 앙리 베르그송, 『닥터 지바고』의 저자 보리스 파스테르나크, 「상대성 이론」의 앨버트 아인슈타인, 공산주의 창시자 칼 마르크스, "심리학의 아버지" 지그문트 프로이트 등. 우리 귀에도 익은 세계적인 유명 인사들 가운데 상당수도 유대인들이다. 2000여 년 전 로마제국에 의해 그들의 고향 유대 땅에서 쫓겨나 전 세계로 흩어져야만 했던 디아스포라의 민족은 또 다시 참혹한 운명을 맞아야만 했었다. 수백만 유대인들이 나치독일의 히틀러에 의해 독가스 실에서 스러져갔다. 하지만, 온갖 수모와 고난을 이겨내고 끝까지 살아남은 유대인들은 이제 보이지 않는 손으로 세계를 지배하기에 이르렀다.

그들은 언제 어떻게 미국으로 들어와 이 같은 위치를 차지할 수 있었을까? 처음 미국으로 건너온 유대인은 스파라드(Sefaraddim)

파였다. 그들은 본디 스페인과 포르투갈에서 살다가 브라질을 거쳐 1654년 영국의 식민지 뉴 암스테르담(지금의 뉴욕)으로 이민해왔다. 그리고 몇 십 년 뒤, 모험심이 강한 세파라딤 파와 주로 라인 강변을 따라 살던 아슈케나즈(Ashkenazim) 파의 장사꾼들이 뉴포트(RI), 뉴 암스테르담(NY), 필라델피아(PA), 찰스턴(SC), 사바나(GA) 같은 동쪽 항구도시로 밀려들어왔다. 1880년과 이민쿼터가 시행되던 1924년 사이에 러시아, 오스트리아-헝가리, 루마니아 등 동유럽에 살던 200백 만이 넘는 유대인들이 종교와 인종을 차별하며 벌인 집단학살 "포그롬(pogrom)"을 피해 미국으로 물밀 듯이 몰려왔다. 그들은 도시의 빈민층을 이루며 주로 옷과 관련된 사업에 집중했다. 세 번째는 1차 세계대전이 일어나자마자 25만 유대인들이 전쟁을 피해서 또 미국으로 건너왔다. 1940년대, 유대인들이 나치독일의 박해를 피해서 정치적 망명지로 택한 곳 역시 미국이었다. 미국은 그만큼 "열린사회"였고, "기회의 땅"이었다. 그들은 미국의 '독립혁명' 때부터 미국역사에 깊숙이 파고들었다. 텍사스 독립전쟁 때도, 남북전쟁 때도, 1·2차 세계대전 때도 그들은 다른 미국인들과 함께 했다.

✪ 『유대인의 칭찬교육 53』이란 책을 지은 유대인 루스 실로는 이러한 유대인의 저력이 '유전적 우월성'이 아닌, 수십 세기에 걸쳐 이어져 내려온 '유대인 식 자녀교육'에 있다고 실토한다. 특히 그는 유대인의 이 독특하고 남다른 자녀교육법이 유대인의 랍비

평론집인 『탈무드』에 바탕을 두고 있다면서, 세계적으로 유명한 유대인들이 모두 『탈무드』의 가르침과 지혜를 배운 사람들이라고 고백한다. 『탈무드』는 유대인들이 날마다 집에서 자녀들을 가르치는 밥상머리 교육의 지침서로도 알려져 있다. 『탈무드』 교육의 특징은 우리나라에서처럼 외우는 공부가 아니라, "마따호세프(네 생각은 무엇이냐)?"식의 계속되는 질문과 답하기 식 토론문화다. 이는 어떤 문제의 핵심을 파고드는 교육법일 뿐만 아니라, 남의 의사를 존중하고 타협하는 문화의 밑바탕이 된다.

"유대인들은 선조들의 지혜로 무장하고 사회에 진출한다."

이 말은 유대인들이 어렸을 때부터 『탈무드(Talmud)』를 통해 선조들의 지혜를 배우고 익혀, 사회에 진출할 즈음에는 이미 그 지혜가 몸에 뱄기 때문에 나온 말이다. 과거 선조들이 수천 년에 걸쳐 피땀 흘려 쌓은 경험과 지식과 지혜를 한 몸에 지니고 다닌다는 것은, 그렇지 못한 다른 나라 사람들에 비해 그만큼 유리한 입장에 설 수 있음을 뜻한다. 『탈무드』는 수천 명의 랍비들의 말씀들을 모아놓은 교본으로, 그 속에 유대인들의 율법, 도덕, 철학, 관습, 역사, 이론, 말로써 전해오는 이야기와 그밖에 많은 주제들이 담겨 있다. 이는 유대교에서 "모세의 5경"이라는 『토라(Torah)』 다음으로 중요하게 여기는 유대인들의 정신적 경전이다. 조국 없이 무려 2000여 년에 걸친 오랜 방랑의 세월을 살아온 유대인들을 결속시킨 유일한 존재가 『탈무드』이었기에, 그들은 이 책을 "유대인의 영혼"이라 부르기도 한다. 『탈무드』는 전체 63편으로 구성돼있으며 총 6,200쪽에 달하는데, 읽는 사람 스스로 해답을 찾도록 유도하는 일종의 토론지침서이기도 하다.

맺음말

✪ 미국의 시인철학자 프로스트는 그의 시 「택하지 않았던 길(The Road Not Taken)」에서, 오래 전 자신이 택했던 길 때문에 이제와서 모든 것이 달라졌다면서 한숨지었다. 그가 지었던 한숨엔 과연 무슨 뜻이 담겼을까?

「택하지 않았던 길(The Road Not Taken)」

시: 로버트 프로스트

번역: 카나비

노랗게 단풍든 숲속에 갈라져있는 두 길,
유감스럽게도 난 그 두 길을 동시에 걸을 수 없었지.
혼자서 하는 여행이라 오랫동안 서서

한쪽 길을 덤불 속에서 굽어진 곳까지
기를 쓰고 멀리멀리 굽어보았지.
둘 다 똑같아서, 나는 다른 쪽 길을 택했지.
그리고 그럴듯한 핑계도 있었지;
그 길은 풀이 무성하고 아직 덜 닳은 곳이었지만
그 길도 지나다니면 닳아져 거의 같아졌을 테고,
그리고 발자국으로 얼룩지지 않은 낙엽들 사이로
두 길에 똑같이 그날 아침이 찾아왔을 테니까.
아, 난 첫 번째 길을 훗날을 위해 간직해 두었었지!
하지만 길이 길로 한없이 이어진다는 것을 알고는
난 다시 돌아올 수 없으리라는 생각이 들었었지.
먼 먼 훗날 어디에선가
난 한숨지으며 이렇게 말하리라.
숲속에서 갈라진 두 길, 그리고 나 –
난 그때 발자국이 덜한 길을 택했었지,
그리고 그 때문에 이제 와서 모든 것이 달라졌다고.

✪ 70여 년 전, 우리는 운명적으로 "미국식 공화주의"를 택했었다. "미국식 공화주의"는 수천 년의 우리역사에서 우리가 한 번도 경험해보지 못했던 길이었다. 그리고 그 바탕 위에서, 불과 반 세기만에 경제성장과 민주화를 동시에 이룩했다. 이 같은 성과는 오롯이 "미국식 공화주의"의 가치를 좇은 결과로 보인다. 일찌감

치 그 가치를 좇았던 서유럽 선진국들은 우리보다 훨씬 앞서 그 혜택을 누리고 있었다. 제2차 세계대전 뒤의 독일과 일본도 마찬가지다. 베스트셀러 『총·균·쇠』와 『대변동』의 저자로 유명한 미국의 석학 제러드 다이아몬드도 문명사회에선 제도가 국가발전의 변수라고 했다. 이처럼, 인류 역사의 커다란 물결은 "공화주의"를 싣고 오늘도 도도히 흘러가고 있다. '미국 독립혁명'이 낳은 독특한 미국적 이념인 "아메리카니즘(Americanism)"도 바늘 가는 데 실 가듯 "미국식 공화주의"에 묻어와, 우리사회 구석구석을 깊숙이 파고들었다. 자유, 평등, 개인주의, 민주주의, "공화주의", 시장경제 같은 이상과 이념이 지금 우리의 의식과 일상생활을 지배하고 있다.

과학기술의 발달로 온 세상이 지구촌으로 불릴 정도로 좁아진 오늘날, 세상은 "젊고 야만적인" 미국문화에 급속도로 전염될 수밖에 없었다. 특히 "미국식 공화주의"를 채택한 나라들은 생활양식과 사회구조, 그리고 사고방식이 비슷해졌다. 그런 맥락에서, 봉준호 감독이 제작한 〈기생충〉이 2020년 '아카데미상'의 4관왕이 된 것은 결코 기적이 아니었다. 2019년 LA비평가협회에서 작품상과 감독상을 받은 봉준호 감독은 그의 수상소감에서 10살 무렵 때부터 주한미군방송(AFKN)에서 방영되는 미국영화를 보면서 영화에 대한 꿈을 키웠다고 고백했다. 그리고 '아카데미상' 수상 소감을 말할 때엔, 미국 공포영화의 장르를 개척했던 〈텍사스

전기톱 학살(1974년)〉을 익살스럽게 끌어들여 미국인들의 정서를 자극했다. 그렇게, 그는 자신도 모르게 미국인들의 감정과 정서, 그리고 그들의 문화 속에 깊숙이 빠져있었던 것이다. 방탄소년단(BTS)도 예외는 아니다. 그들은 본디 힙합그룹으로 태어났었다. 힙합은 뉴욕 브롱크스에서 태어난 미국문화의 한 가닥이다. 그들이 어느새 전 세계 팝뮤직의 스타덤에 오르게 된 것도 따지고 보면 팝뮤직의 본고장 미국 사람들의 정서를 파고들었기 때문이었다.

비단 봉준호나 방탄소년단만 그런 것이 아니다. 미국의 인기스포츠 MLB(메이저리그 야구)나 LPGA(여자프로골프협회)에 진출하여 이름을 날리는 운동선수들도 꽤 있다. 햄버거, 핫도그, 커피, 콜라 같은 먹거리와 청바지나 운동화 같은 캐주얼웨어는 우리 일상생활의 한 부분이 된 지 오래다. 게다가, 많은 사람들이 영어를 제2의 국어처럼 사용하고, 크리스마스나 할로윈을 기념하는 갖가지 이벤트들을 스스럼없이 펼친다. 또, 기회만 되면 이런저런 사연을 내세워 미국을 마치 이웃집 드나들듯하기도 한다. 그렇게, 우리는 자신도 모르게 "아메리카니즘"과 "미국식 공화주의"에 길들여져 있었다. 공기처럼 마냥 익숙해져서, 우리가 미처 느끼지 못하고 있었을 따름이다. 170여 년 전 미국-멕시코 전쟁으로 철천지원수가 된 멕시코 사람들마저도 미국으로 몰래 입국하여 그 불법이민자의 수가 일천만이 넘고, 최근에는 중남미의 가난한 사회주의 국가들에서 탈출한 수천 명의 난민 행렬이 미국을 향해 카라반처럼 꾸역꾸역 몰려들기도 했다. 역시 서부개척 시대의 막연한 "아메리칸 드림"이나, 또 다른 어떤 매력이 그들을 미국으로 끌어당기고 있는 것이다.

✪ 이처럼 우리는 "미국식 공화주의"의 혜택을 맘껏 누리면서도, 그것을 떠받치는 핵심개념들에 대해서는 웬일인지 애써 외면해 버린 듯하다. 이를테면 권리에 따르는 의무, 남을 배려하는 양보정신, 공중도덕 같이 스스로를 억제할 줄 아는 규율이 선 시민의식, 또 거기서 우러나오는 "노블레스 오블리주"와 기부문화, 정의롭지 못한 법마저도 지키려 독배를 마신 소크라테스의 준법정신, 나라를 지키는 파수꾼들에 대한 경건한 예우, 제대로 된 "기회균등"과 "공정한 경쟁", 그리고 "사회정의"는 늘 우리 곁에 맴돌고 있었으면서도 왠지 멀게만 느껴진다. 뿐만 아니라, 거대한 노동조합과 온갖 제조업협회, 수많은 전문직 집단, 전관예우(前官禮遇), 인맥 카르텔 같은 "지대추구"형 '특수 이익집단'의 유혹을 뿌리치고 부정부패와 타협하지 않는 용기 있는 정치인과 국가기관들을 기대하기란 쓰레기통에서 장미꽃이 피기를 바라는 것일까? 미국의 사회과학자 겸 경제학자 맨서 올슨(Mancur Olson)도 그의 저서 『국가의 흥망성쇠(The Rise and Decline of Nations: 1982년)』에서, 50년 이상 사회가 안정되면 "지대추구"형 '특수이익집단'은 그 기반이 매우 단단해지고, 그 때문에 국가는 점점 쇠퇴하기 시작한다고 주장했다. 마치 우리나라의 경우를 두고 펼친 주장처럼 들린다.

그러고 보면, 우리는 수박 겉핥기식으로 "미국식 공화주의"의 겉모습만 받아들이고, 그 핵심개념들은 잘 알지 못했거나 아니면 쓴 약과 같아서 내뱉어버린 것 같다. 그렇다면, 마지막 남은 의문 하나. 70여 년 전 우리가 택해서 이제까지 걸어왔던 길을 되돌아볼 때, 우리는 지금 "안도의 한숨"을 내쉬어야 할까, 아니면 "후회의 한숨"을 지어야 할까?

참고문헌

골짜기의 백합(Le Lys dans la vallée): 오노레 드 발자크 지음| 정예영 옮김| 을유문화사

대변동(Upheaval): 위기, 선택, 변화: 재레드 다이아몬드 지음| 강주헌 옮김| 김영사 펴냄

돈키호테(Don Quixote): 미겔 데 세르반테스 지음| 박철 옮김| 시공사

로마제국의 쇠망사: 에드워드 기번 저| 송은주/조성숙 외 1명 역| 민음사

로마인 이야기: 시오노 나나미 저| 김석희 역| 한길사

세계문학사 작은사전: 저자 김희보| 가람기획

리바이어던(Leviathan): 영국의 토마스 홉스| 박완규 옮김| 사계절

문명의 충돌(The Clash of Civilizations): 새뮤얼 헌팅턴 지음| 이희재 옮김| 김영사

미국의 민주주의(De la Démocratie en Amérique): 저자 A 토크빌| 역자 임효선| 한길사

미국의 세기는 끝났는가: 조지프 나이 지음| 이기동 옮김| 프리뷰

100년 후(The Next 100 Years): 저자 조지 프리드먼| 역자 손민중| 김영사

사피엔스: 유발 하라리 지음| 조현욱 옮김| 김영사

사회계약론(Du Contrat Social): 장 자크 루소 지음| 이재형 옮김| 문예출판사

예정된 전쟁(Destined for War): 그레이엄 앨리슨 지음| 정혜윤 옮김| 세종서적

위대한 개츠비(The Great Gatsby): 스콧 피츠제럴드|

유대인의 칭찬교육 53: 루스 실로| 프리미엄북스

임페리움(Imperium): 로버트 해리스 지음| 조여학 옮김| 랜덤하우스

제3의 물결: 앨빈 토플러 저| 권오석 역| 홍신문화사

지금, 호메로스를 읽어야 하는 이유(Why Homer Matters): 저자 애덤 니컬슨| 역자 정혜윤| 세종서적

콜디스트 윈터(Coldest Winter): 데이비드 핼버스탬 저| 정윤미/이은진 공역| 살림출판사

탈무드(The Talmud): Marvin Tokayer(Author)| SamjiBooks

플루토크라트(Plutocrats): 크리스티아 프리랜드 지음| 박세연 옮김| 열린책들

호모 노마드, 유목하는 인간: 자크 아탈리 지음| 이효숙 옮김| 웅진닷컴

호모 루덴스(Homo Ludens): 요한 하위징아 지음| 이종인 역| 연암서가

A Thousand Winds (poem): Makah indian tribe/ Mary Frye(translator)

American Exceptionalism: A Double-Edged Sword: Seymour M. Lipset| Norton and Company.

Ancient History Encyclopedia: Ancient History Encyclopedia Limited, a non-profit organization registered in the UK

Arthurian Romances: Chrétien de Troyes(Author)| William W. Kibler(Translator)/ Carleton W. Carroll (Translator)| Penguin Classics

Billboard:

Codex Manesse: 140 Minnesänger/ Manesse family(Patron)

Culture and Imperialism: Edward Said| Chatto & Windus

Dedication (poem): Robert Frost

Democracy in America: Alexis de Tocqueville(Author)/ Harvey Mansfield and Delba Winthrop(Translators)| University of Chicago Press

Eclogues: Virgil(Virgilius)/ Henry R. Fairclough(Translator)| Harvard University Press

Evangeline (poem): Henry Wadsworth Longfellow

Foundations of Culture: Knowledge-Construction, Belief Systems and Worldview in Their Dynamic Interplay: Harald Haarmann| Peter Lang AG

Gettysburg Address: Abraham Lincoln/ William H. Seward

Inventing the "American Way": Wendy L. Wall| Oxford University Press

La Chanson de Roland:

Liberty: A Transnational Icon in Reforming the Transnational Turn in American Studes: Sieglinde Lemke| Hanover NH, Dartmouth College Press

Lost (poem): American indian tribe/ David Wagoner

O Captain! My Captain! (poem): Walt Whitman

Orlando Furioso: Ludovico Ariosto(Author)| Guido Waldman(Translator)| Oxford University Press

Satirae: Decimus Iunius Iuvenalis

Soft Power: Joseph Nye| PublicAffairs

Shine, Perishing Republic (poem): Robinson Jeffers

Stopping by Woods on a Snowy Evening: Robert Frost

Technotrends: Daniel Burrus| HarperCollins Publishers

The Aeneid: Virgil(Author)/ Robert Fitzgerald (Translator)| Vintage

The American West : The Invention of a Myth: David H. Murdoch| University of Nevada Press

The Clash of Civilizations and the Remaking of World Order: Samuel Huntington| Simon & Schuster

The Coldest Winter: David Halberstam| Hachette Books

The Dark Tower: Wikipedia

The Encyclopedia of The World's Minorities: Fitzroy Dearborn Publishers

The End of History and the Last Man: Francis Fukuyama| Simon and Schuster

The Gift Outright (poem); Robert Frost

The Iliad: Homer(Author)| Michael Reck(Translator)| HarperCollins

The Next 100 Years: A Forecast for the 21st Century: George Friedman| Anchor

The Next Decade: What the World Will Look Like: George Friedman| Anchor

The Odyssey: Homer (Author)| Robert Fagles (Translator)| Penguin Classics

The Papers of Andrew Jackson: Andrew Jackson (Author)| Harriet C. Owsley (Contributor)| University of Tennessee Press

The Peloponnesian War: Thucydides(Author)| Oxford World's Classic

The Rise and Decline of Nations: Economic Growth, Stagflation, and Social Rigidities: Mancur Olson| Yale University Press.

The Road Not Taken (poem): Robert Frost

The Song of Hiawatha (poem): Henry Wadsworth Longfellow|

The U.S. Declaration of Independence:

The Waning of the Middle Ages: Johan Huizinga| Stellar Classics

Tri-Faith America: How Catholics and Jews Held Postwar America to Its Protestant

Promise: Kevin M. Schultz|

Troy: Homer(Author)/ David Benioff(Screenplay)|

Virgil's Aeneid: A Reader's Guide / Edition 1: David Ross| Wiley

Why Vergil?: A Collection of Interpretations: Stephanie Quinn| Bolchazy-Carducci Publishers, Inc.

Wikipedia:

Warriors of the Rainbow: William Willoya and Vinson Brown| Naturegraph Publishers

KICS
한국문화안보연구원
Korea Institute for cultural Security

사단법인 한국문화안보연구원은 국가정체성을 확립하고 자유민주주의 삶의 가치를 더욱 증진 시키며, 시대적·문화적 요구에 부응하는 '이념' 및 '가치'를 정립하는 한편 유용한 '대안'들을 모색하기 위한 투철한 사명감과 원대한 비전을 안고 출범하여 우리문화 정체성 강화를 통한 '문화지킴이'로서, 자유민주 기본질서 수호자 역할을 다하기 위해 노력하고 있다.

▲ 연구원 설립 : 2009. 5. 13(영등포구 구로동)

▲ 사단법인 인가 : 국방부 제12-20호(2012. 11. 14)

▲ 비영리민간단체 등록 : 국방부 제32호(2014. 2. 7)

▲ 지정기부금 단체 지정 : 기재부 공고 제2015-6호(2015. 3. 31)

네오 로마제국
- 우리가 몰랐던 미국 이야기

초판 1쇄 인쇄 2020년 4월 1일
1쇄 발행 2020년 4월 6일

지은이 | 배 용

펴낸곳 | 북앤피플
대 표 | 김진술
펴낸이 | 김혜숙
디자인 | 박원섭
마케팅 | 박광규

등 록 | 제2016-000006호(2012. 4. 13)
주 소 | 서울시 송파구 성내천로37길 37, 112-302
전 화 | 02-2277-0220
팩 스 | 02-2277-0280
이메일 | jujucc@naver.com

ISBN 978-89-97871-46-9 03900